김명돌 시집

두 발로 걸어가는 대한민국 한 바퀴

순수시선 685

두 발로 걸어가는
대한민국 한 바퀴

김명돌 지음

2024. 11. 20. 초판
2024. 11. 25. 발행

발행처 · 순수문학사
출판주간 · 朴永河
등   록 제2-1572호

서울 중구 퇴계로48길 11, 협성BD 202호
TEL (02) 2277-6637~8
FAX (02) 2279-7995
E-mail ; seonsookr@hanmail.net

· 저자와의 합의하에 인지를 생략함
· 잘못된 책은 바꾸어 드립니다

ISBN 979-11-91153-73-6

가격 15,000원

김명돌 시집

두 발로 걸어가는
대한민국 한 바퀴

순 수

◆ 시인의 말

내가 시인이라니!

나는 일찍이 시인이 되고 싶었다.
고향의 어린 시절부터
여명의 아침 운동화를 신고 뛰쳐나갈 때마다
등산화를 신고 이리 저리 세상을 방랑할 때마다
자연 속에서 홀로 있을 때마다
잠 못 이루는 밤 뒤척일 때마다
나는 시인이 되고 싶었다.

〈순수문학〉에서 나는 시인이 되었다.
시인이 되고나서 디지털대학교에서 시를 공부하는 풋내기 시인이 시집을 꾸며보았다.
떠돌기를 좋아해서 방랑하며 써 놓았던 글들을 묶어서

일신우일신!
다음에는 더욱더 향상된 모습을 다짐하며 두렵고 부끄러운 마음으로 용기 있게 세상에 내놓는다.

시집 발간을 맡아준 박영하 주간님과 박선범 편집장님에게 감사드린다.

2024년 9월

차례

시인의 말 · 4
해설/정연수 · 211

1부 59일간의 서해랑길 이야기

나는 지금도 떠나고 싶다!	17
두 발로 걸어가는 대한민국 한 바퀴	21
건배	23
바람	24
산바람	25
59일간의 서해랑길 이야기	26
수확	27
가을 들판	28
걸어가리라	29
누가 알랴?	32
나이를 먹었으니	33
삽질	35
죽음	36
챔피언	37
길 위의 연금술	38

2부 남파랑길의 노래

남파랑길의 노래   41
두 그루 은행나무   43
섬   47
남파랑길   49
남파랑길에서   50
그대는 여해를 아는가!   51
도솔암 가는 길   52
한 걸음 또 한 걸음   54
순친의 밤   55
서방정토 가는 길   56
이 고개를 넘으면   58
방랑의 길   59
가을비   61
축복   62
꿈이 아니기를   63

3부 산티아고 가는 길

산티아고 가는 길	67
순례자의 기도	70
나의 기도	71
용서	72
한 걸음	73
여명의 순례길	74
길을 걷는 이유	75
순례자 · 1	76
땅 끝에서의 기도	78
순례자 · 2	79
순례자의 노래	80
나는 순례자다!	81
이별의식	83
킬리만자로 가는 길	84
후지산 산행	87
차마고도 가는 길	89
황하의 노래	91
인터라켄의 아침	92
마테호른의 일출	94
샤모니의 노을	96
홀로 가는 길	97

4부 해파랑길 이야기

해파랑길 이야기	101
간절곶에서	104
헬렌 켈러의 기도	105
완주	107
파도	108
나그네	109
이별주	110
오늘은 좋은 날	111
휴휴암에서	113
평화의 길	114
하조대에서	116
자유인	117
고행의 해파랑길	118

5부　강 따라 길 따라

두 바퀴로 달리는 4대강 국토종주　　121
강 따라 길 따라　　124
아아, 한강!　　126
아아, 낙동강!　　128
길　　130
새 나라를 열라!　　131
백제를 달리며　　132
선택의 길　　133
영산강　　134

6부 백두대간 가는 길

백두대간 가는 길	139
백두산 산행	141
압록강에서	144
백두에서 한라까지	146
아! 한라산	148
비상	150
길 위에서	151
소망	152
저녁바다	153
가자!	154

7부 나비야 청산 가자

나비야 청산 가자	157
통일전망대에 서서	159
화진포의 아침	161
부모가 쏘아 올린 활	162
돌	165
그 마음	166
나 홀로 방랑은	167
순간	168
후회	170
계영배	171
웃으리라	172
여행	174
하늘을 바라보며	175
산과 바다	176
걸으면서	178

8부 청산으로 가는 길

청산(靑山)으로 가는 길 · 1	181
청산(靑山)으로 가는 길 · 2	183
청산은 나를 보고	185
어머니	188
귀거래사	192
깁채	193
기일(忌日)	194
재회	196
꿈길	198
나의 철든 날	199
나의 어머니	201
위대한 스승	203
고향은	205
나는 나그네	206
아름다운 축복	208
일신우일신 · 1	209
일신우일신 · 2	210

1부
59일간의 서해랑길 이야기

나는 지금도 떠나고 싶다!

언제부터였을까
무작정 떠나고 싶었다
그래서 숙명처럼 떠돌아다녔다
고향의 어린 시절 밤기차가 지나갈 때면
생각하고 또 다짐했다
언젠가는 저 기차를 타고
이쪽 끝에서 저쪽 끝까지 가보리라
그렇게 해서 떠돌아다녔던 지난 세월
너무나 행복했다

인생의 좋은 선배들 따라 20대에 등산을 시작했다
기차를 타고 버스를 타고 대한민국 구석구석
이 산 저 산을 떠돌아다녔다
땀 흘리며 오르내리는 새로운 세상은
외적으로나 내적으로나 무척 경이로웠다
그리고 새로운 습관이 생겨났다
혼자 떠나는 것!
떠나고 싶을 때면 혼자서 떠났다
마음 맞는 사람들과 함께 떠나는 것도 좋았지만
혼자 떠나는 것은 특별히 좋았다
그렇게 혼자되는 법을 알았다

나는 외로웠다
사람들 속에 있었지만 언제나 고독했다
그럴 때면 에스키모인처럼
마음의 막대기를 들고 길을 걸었다
세상과의 불화가 해소되고
마음의 번민이 가라앉으면 되돌아왔다
그리고 또다시 마음의 막대기를 들고
걷고 또 돌아오기를 반복했다
이제는 혼자 길을 떠나도
흐르는 세월이 가르쳐 주고
길에서의 수많은 만남이 다가와
더 이상 외롭지 않다
혼자는 결코 혼자가 아니었다
공간과 시간 속에 모두와 연결되어 있는
더불어 존재하는 혼자였다
스쳐가는 인연들이
벗어날 수 없는 이런저런 굴레들이
모두가 얽히고설킨 고마운 존재로 다가왔다

마흔아홉 살의 새해벽두에 위대한 여정을 시작했다
기분 좋은 설렘과

할 수 있을까 하는 약간의 두려움을 안고
청산으로 가는 길,
회사가 있는 용인에서 고향 안동으로 걸어갔다
과거 급제한 옛 선비가 금의환향하듯
한겨울의 눈보라를 즐기며 문경새재를 넘어서 갔다
8박 9일간의 나 홀로 걷기여행은
고향을 찾아가고 뿌리를 찾아가는
어머니를 찾아가고 나를 찾아가는
생애 최고의 낭만 여행이었다
그리고 이듬해는
죽령고개를 넘어 고향에서 용인으로 걸어왔다

그렇게 시작된 장거리 도보여행은
국토 최남단 마라도에서 해남 땅끝마을을 거쳐
고성 통일전망대까지 국토종주로 이어지고
나아가 백두대간, 지리산둘레길, 해파랑길,
제주올레, 산티아고 순례길, 남파랑길, 서해랑길,
히말라야, 로키, 알프스, 킬리만자로, 밀 포드,
차마고도 등
국내외를 수없이 떠돌아다니게 했다

마치 미켈란젤로가 대리석을 조각해
위대한 피에타를 탄생시키듯
가장 나다운 최고의 나는 어떤 모습일까
생각하고 그려보면서
흰 구름 먹구름 벗 삼아
정처 없이 낯선 길을 홀로 걷는
소요유를 즐겼다

걷기의 낭만이 절정에 이를 때면
꿈을 꾸는 나가 나인가
꿈속의 나비가 나인가
깨어서도 꿈에서도 길 위에 있었다
나는 지금도 떠나고 싶다.
'이 세상 밖이라면 어디로라도 어디로라도'
가고 싶어했던 보들레르처럼
나는 지금도 떠나고 싶다
발길 닿는 대로
어디로라도, 어디로라도!

두 발로 걸어가는 대한민국 한 바퀴

나는 걸어 보았네
두 발로 걸어서 대한민국 한 바퀴
국토를 걸으면서 나를 찾아가는 길
독만권서 행만리로라 했던 옛말처럼
자연을 읽으면서 걸었던 만리 길은
생애 최고의 낭만기행이었네

부산 오륙도 해맞이공원에서 시작하여
고성 통일전망대까지
해랑 바다랑 벗하는 아름다운 동해안
해파랑길 770km
2014년 8월의 무더운 여름 25일간에 걸쳐
나 홀로 걸었네

2018년 8월 통일전망대에서 임진각까지 250km
6·25 전적지와 DMZ 접경지역을 9일간에 걸쳐
나라사랑 평화나눔 DMZ 국토대장정을 하였네

오륙도 해맞이공원에서 시작하여 해남 땅끝까지
남해안 남파랑길 1470km

겨울이 깊어 가는 2020년 11월과 12월 52일간
한려수도와 다도해 쪽빛 바다를 나 홀로 걸었네

해남 땅끝탑에서부터 인천 강화 평화전망대까지
서해안 서해랑길 1,800km
가을이 가고 겨울이 오는 2022년 10월에서 12월
59일간
노을과 갯벌이 어우러지는 바닷길 따라
나 홀로 걸었네

나는 목청껏 소리 높여 외쳤네.
"코리아둘레길, 대한민국 한 바퀴를
두 발로 걸었노라!"
길은 길에 연해 다시 떠나리니 나라 사랑의 시작은
내 나라의 땅과 땅의 역사를 돌아보는 것
한 걸음 한 걸음 대한민국을 재발견하며
구름 가는 대로
발길 가는 대로 흐르고 흘러가리라
운명처럼 한 목숨 다하는 그 날까지

건배

투명한 잔에 소주를 따르고
여백에 푸른 하늘을 채운다
머나먼 길 걸어가는
길 위의 나그네가
푸른 바다를 향해 건배를 제의한다

"위하여!"

하늘과 바다의 기운을 들이키며
바람결에 스치는 소원을 안주삼아
술술
나그네의 메마른 영혼을 적신다.

바람

쇠붙이 속의 녹이 쇠붙이를 갉아먹듯
마음 속 더러움이 파멸의 길로 인도한다
자신을 망치는 것은 자신,
걸음걸음 한 걸음마다
영혼에 끼인 먼지를 제거한다

바람이 간절하니 바람이 불어온다
마음 속 더러움을 저 멀리
훨훨 훨훨 날려 보내고
집착과 번뇌로부터 벗어난다

가벼운 몸짓으로
오직 자신을 의지처 삼자는
바람결에 흐르는 바람을 안고
오늘도 부지런히 서해랑길을 걸어간다.

— 함평만 갯벌 위 데크에서

산바람

어느 날 산을 만났다
거기에는 푸른 하늘이 있었다
가쁜 숨을 헐떡거리며
땀 흘려 올라간 정상
거기에서 만난 푸른 하늘은
희망이었다

자신조차 몰랐던 희망이
정상에서 기다리고 있었다
그리고 산은 말했다
희망 없는 설망은 없노라고
나를 찾으라고
주어진 어떠한 길에도 즐거워하라고
굴복하지 말고 포기하지 말라고
진정 원하는 길을 가라고

그때 시원한 산바람이
볼을 스쳤다.

59일간의 서해랑길 이야기

꿈이었을까
꿈이 아니라고 몸이 뜨겁게 말을 한다
텁수룩한 얼굴의 수염이 자신을 보여준다
그렇다 꿈이 아니다
머나먼 길을 걸어서 여기까지 왔다
나무 밑동에 쌓인 낙엽은 지나간 가을의 흔적
시간은 흐르지 않고 쌓일 뿐
쌓인 시간은 추억이란 이름으로 남겨진다
오늘 이 59일간의 서해랑길 이야기도
먼 훗날 그리움으로 퇴색되어
때로는 기쁨으로
때로는 애잔함으로
살며시 되살아나리라.

수확

나그네는 갈고 심을 땅이 없다
그래서 추수도 없다
나그네 할 일은 길을 가는 것
하늘과 바다
산과 들을 바라보면서
터벅터벅 낯선 길을 걸어가는 것
그러다 돌아보면
길 위에 풍성한 수확이 널려 있다
가슴에 새겨진 선명한 발자국이
깃발처럼 나부끼며
추억의 창고에 차고 넘친다.

가을 들판

한 나그네가
추수 끝난 빈 들판을 걸어간다
낟알을 주워 먹던 새들이
슬금슬금 눈치를 살핀다

못 본 척 고개 들어
파란 가을 하늘을 바라본다

몇 조각 흰 구름이
나그네와 새들을 내려 보며
싱긋
소리 없이 웃고 간다

추수가 끝난 가을 들판은
아무도 찾지 않는다

가을 햇살만이
가을 들판에 쏟아져 내린다.

걸어가리라

걸어가리라!
끝없는 저 광활한 들판을
펼쳐진 세상 자유롭고 평화롭게
발길 닿는 곳이면 가고 또 가리라

길에서 행운을 더 이상 바라지 않으리니
나 자신이 최고의 행운
이 광활한 들판을 걷는 자신보다
더 큰 행운이 어디 있으리

맹세코 배낭을 버리지 않을 지니
걸어온 길 위에 함께했던 수많은 짐들
배낭이 있어 동행할 수 있었으니
과거의 공로로 영원히 함께할 것이라

광활한 길을 걸어오는 동안
그들로 인해 내 삶이 충만하니
이젠 보답으로 그들 삶을 충만케 하리

나는 아노라

그대, 광활한 벌판에 펼쳐진 끝없는 길이여!
눈에 보이는 게 전부가 아님을
보이지 않는 진귀한 것들이
그대 안에 있음을

길 위에 보이네
평야를 비옥하게 만드는 동진강, 만경강이 흐르고
벽골제, 아리랑, 수많은 눈물이 흘러가네
과거가 지나가고 역사가 다가오네

모든 것은 지나갔으니,
볼 수 있는 눈이 있어야 보이고
들을 수 있는 귀가 있어야 들리리
그대, 길이여!
그대는 역사의 산 증인이요
나그네는 스쳐가는 바람이어라

걸어가리라!
숨이 멎는 그날까지
걷고 또 걸어가리라

보헤미안처럼 자유로운 나그네가
김제평야 광활한 들판에서
오늘도 춤을 추며 걸어간다.

- 광활면 김제평야에서

누가 알랴?

누려볼 수 없는 즐거움
상상할 수 없었던 세계
누가 알랴?
나의 이 기쁨을
고통 뒤에
외로움 뒤에 오는
이 성스러운 환희를

— 김제 만경평야에서

나이를 먹었으니

나이를 먹었으니
이제 넥타이를 던져버려야지
양복도 구두도 벗어던지고
아첨도 마음에 없는 웃음도 벗어버리고
나는 나답게 살아가야지

동 트면 일어나서
아침노을 빛나는 동쪽을 바라보며
어디든 어디로든
발길 닿는 대로 흘러가야지

아침 해가 떠오르면
자연을 벗 삼아 길가의 이름 모를
풀들에게 인사 하고
꽃잎에 입 맞추어야지

먹여 살릴 가족도
경쟁하던 사람들도
미운 사람 고운사람
모두 잊어버리고

해질 무렵이면 서쪽으로 가서
저녁노을에 몸과 마음을 맡겨야지
이제 나이를 먹었으니
자족, 지족, 상족, 안분지족해야지.

삽질

쫄쫄 굶어가며 걸어간
하루 한 끼 먹은
천사의 섬 신안의 밤

오늘처럼 속빈 날에
배고픈 시절을 떠올린다
숟가락질 배우는 것은
홀로 가는 삶을 알아가는 것

돌아보면 끊임없이
비굴해지고 비겁해지고
피와 땀과 눈물 흘린
힘들었던 세월

오두미절요의 굴욕을
견디게 힘을 준 것은
오직 그 한 자루의 삽

구불구불 몸 속의 길 채우려
줄기차게 삽질을 하며
어제도 오늘도
살아 있음을 확인한다.

죽음

죽음은
예고 없이 예외 없이
찾아온다

순서는 뒤죽박죽
선입선출법도 후입선출법도
적용될 수도 있다

언제 어느 때든
손님이 찾아오면
오늘은 죽기 좋은 날
반갑게 맞이해야 한다

저 만치 거리를 두고 평소에
타인의 죽음에서 나의 죽음을
지켜볼 줄 알아야 한다.

챔피언

나아가자!
인생의 묘미는 자고 쉬는데 있는 게 아니라
한 걸음 한 걸음 앞으로 더 나아가는 것,
언젠가 무덤으로 들어가면 얼마든지 자고 쉴 수 있다

행동하자!
참치처럼 민들레처럼 살아있는 동안은
더 열심히 행동하고 한 걸음이라도
더 빨리 더 많이 내딛자

힘차게 나아가자!
저 멀리 땅끝까지
힘차게 행동하자!
저 높은 곳을 향하여

챔피언에게도 무명시절은 있었으니
마침내 이루리라
저 위대한 꿈을 향하여 행동하는 자
그대, 이루리라!

길 위의 연금술

나는 내 인생의 성실한 농부
아름다운 생명의 동산에
밭을 갈고 씨를 뿌리고
인생의 대지에
희망과 용기를 심고
사랑과 환희를 심는다
심은 만큼 거두리니
눈물로 씨를 뿌려 기쁨으로 단을 거둔다

인생은 예술이라
나는 내 인생의 조각가
미켈란젤로가 대리석에서
거대한 다비드를 발견하고 조각을 하듯
내 안의 참된 나를 찾아서 만들어가는 한 걸음 한 걸음
이백만 걸음보다 더 많이 걸어가는 59일간의
서해랑길
세상에 하나뿐인 돌
길 위의 연금술로 나다운 나를 조각하리.

2부

남파랑길의 이야기

남파랑길의 노래

부산 오륙도해맞이공원에서 해남 땅끝마을까지
남해안 일천사백칠십 키로미터
충무공의 발자취를 찾아
사천 리 길을 걸었네

남쪽 바다에 울려 퍼지는
조선 수군의 승리의 함성소리
간사한 왜적의 비명소리 들으며
오십이 일 동안 걷고 또 걸었네

부산 창원 거제 통영 고성 사천 남해 하동
광양 순천 여수 고흥 보성 장흥 강진 완도 해남
옥포 합포 적진포 사천 당포 당항포 한산도 안골포
부산포 …… 명량 노량으로 이어지는 23전 전승의
바다에서

충무공 이순신을 만나고 이순신의 혼과 얼을 만나고
구국희생, 효제충의, 백의종군, 공도청렴, 공명정대,
필사즉생, 신상필벌, 유비무환, 어적보민 …… 정신과
세계유산 〈난중일기〉 기록정신을 만나고

"부디 나라의 치욕을 크게 씻어야 한다!"고 하신
백의종군 길 어머니의 죽음 앞에 통곡하던
아들을 만나고
"내 아들아! 나를 버리고 어디로 갔느냐!"며
면의 죽음 앞에서 탄식하던 아버지 이순신을 만나고
남파랑길의 순례자는 이제 목청껏 노래를 부르네

"한번 죽었으나 영원히 살아있는 불멸의 이순신
영원한 민족의 태양 충무공 이순신
만세! 만세! 만만세! 만세! 만세! 만만세!"

두 그루 은행나무

한 소년이 이사 오는 것을 보았네
나무그늘에서 책 읽고 놀던 소년이
청년이 되어 장가가고,
치마장에서 말 타고 활 쏘며
무예 닦는 모습을 보았네

회와 울과 면 세 아들을 낳고 기르는
행복한 아버지의 모습도 보았네
무관이 되어 나라를 지키러 북쪽의 함경도로
남쪽의 전라도 고흥으로 가는 모습도 보고
파직되어 돌아온 실업자의 모습도 보았네

삼도수군통제사로 23전 전승하며
남쪽바다에서 왜적을 물리치는 줄 알았는데
옥문에서 나와 하얀 옷 입은
실로 오랜만에 찾아온
백의종군 모습도 보았네

여수에서 아산으로
애끓는 마음으로 아들을 찾아오다가

뱃길에서 세상을 떠난 어머니의 죽음 앞에
통곡하며 슬피 우는
아들의 모습도 보았네

장례를 다 치르지도 못한 채
금부도사의 재촉에
떨어지지 않는 발걸음을
남쪽으로 옮기던
비탄에 젖은 아들의 모습도 보았네

"어찌하랴? 어찌하랴?
천지에 나 같은 사정이
또 어디에 있단 말인가
어서 죽느니만 못하구나."
한탄하는 모습도 보았네

그리고 그날 집을 떠나서
살아서는 다시 돌아오지 못하고
죽어서 돌아온 모습도 보았네
고금도에서 올라와 장지를 향해 가는 운구가

집 앞을 지나는 애달픈 장면까지도 보았네

두 그루 은행나무는 보았네
나라와 백성을 향한 충을 보았고
아버지와 어머니를 향한 효를 보았고
아내와 아이들 형제들과 조카들을 향한
뜨거운 가족애를 보았네

현충사에 있는 옛집에서
대대로 살아오면서
'5세 1충 2효'의 정려각을 세우고
해마다 음력 11월 18일 밤
불천위 제사를 지내는 모습도 보았네

현충사를 세우고
"제 몸 바쳐 충절을 지킨다는 말 예부터 있었지만
목숨 바쳐 나라를 살린 일 이 사람에게 처음 보네"
라면서 편액을 내리는 임금의 찬사도 보았네

500살 넘은 두 그루 은행나무에는

계절의 노래가 그치지 않고
해와 달과 별, 바람과 구름이 쉬어 가고
온갖 새들과 벌레들이 놀다 가고
누군가는 나무그늘에서 충무공을 그리워한다네

가을이 되면 두 그루 은행나무는
노란 은행잎으로
충무공의 마음을 담은 우산이 되어
삶에 지치고 힘든 이들을 위로해 주고
새 힘과 용기와 희망을 준다네

두 그루 은행나무야!
지구상에서 가장 오래 사는 나무답게
천 년 만 년 살아서
현충사를 찾아오는 모든 사람들에게
민족의 영웅 불멸의 이순신을 전해 주렴.

섬

쓸쓸한 겨울바다에 바람이 불어오고
파도에 밀려
멀리 섬 하나가 걸어온다

이천 년 전,
예수가 갈릴리 바다 위를 걸은 것처럼
섬 하나가 남해 바다 위를 걸어온다

하얀 거품을 품은 파도를 타고
외딴섬이
나그네를 향해 걸어온다

남파랑길의 나그네가
섬 하나를 만나
진한 외로움을 껴안는다

섬은 나그네와 하나가 되어
섬은 그 자리에 있고
나그네의 마음에는
외로운 섬 하나가 떠 있다

섬이 묻는다.
"그대 지금 외롭지 않은가?"
나그네는 대답한다
"언제까지나 동행하기를 간절히 바라오."

남파랑길

밤 세시
환희와 두려움이 혼전하는 꿈 속의 시간
이내 침대는 축축이 젖어 있다
지금 내 신세는 남해안을 떠도는 유배객
그렇다
나는 자발적 유배객
스스로 택한 남파랑길 위리안치
고요가 무르익어 요요적적
외로움조차 소용없는 적멸보궁
유유자적 묵언수행
마음으로 나누는 대화는 누구도 뺏을 수 없다
남파랑길!
길 위에 홀로 있는 아름다운 경험
나만이 숨을 수 있는 외로운 영혼의 섬
쓸쓸하고 쓸쓸할 때
숨을 수 있는 자유와 안식의 섬

남파랑길에서

삶의 완충지대는 휴식
휴식은 삶의 쉼표
남파랑길은 인생길의 쉼표
쉼표(,)는
말줄임표(……)와 물음표(?), 느낌표(!)의 벗

생의 들판에서 무딘 낫을 들고
쉬지 않고 땀 흘려 일하면서
열심히 살았다고 자부하는
어리석음이여!

남파랑길에서
인생의 낫을 갈며 쉬어갈지어다.

그대는 여해를 아는가!

여수 앞바다에
여명이 밝아온다
여기 여수 앞바다에서
여해가 여명을 맞이한다
여수 앞바다에는
너로 하여금 세상을 화평케 하라는
여해의 얼과 정신이 흐른다
여수를 아는 자 여해를 알고
여해를 아는 자 여수를 안다
그대는 과연 여해를 아는가!

- 여해(汝諧)는 충무공 이순신의 자

도솔암 가는 길

눈이 내린다
도솔암 가는 길에 하얀 눈이 내린다
흰 눈을 헤치고 나아가는 것은 나그네 운명

눈이 내린다
달마가도의 길을 덮고 나무를 덮고
숲을 덮고 산을 덮고
끝내는 마음을 덮는다

눈 내리는 경이를 맛보며
한 걸음 한 걸음 가파른 산길을 걸어
욕계육천 중 네 번째 하늘
도솔천으로 올라간다

도솔암에 올라서니
세찬 눈보라가 뜨겁게 껴안는다
바위틈에 숨은 암자
눈을 뜨고 졸고 있던 미륵보살이 화들짝 놀란다

해탈한 한 그루 소나무

바위 위에 뒤틀며 바람을 맞고
숨막히는 눈보라가
외원과 내원의 정토를 펼친다

오욕으로 가득 찬 중생이
미륵보살의 염화미소에
지족의 복락을 누린다
눈보라 몰아치는 도솔암 가는 길

아아,
고행(苦行)이 고행(高行)이어라.

한 걸음 또 한 걸음

거리를 헤매는 길 고양이처럼
미로 속에 갇힌 줄도 모르고
이 끝에서 저 끝까지
하염없이
제자리를 걷고 있는 것이 아닐까

두려움이 밀려온다
고개 넘어 다른 세상을 보기 위해 길을 간다
바다 건너 다른 세상을 보기 위해 배를 탄다
책장 너머 다른 세상을 보기 위해 독서한다

돌고 도는 세상은
끊임없이 굴러가는 바퀴처럼
영원히 돌아간다

느리지만 여유를 부리며
달팽이처럼 느린 속도로
한 걸음 또 한 걸음
흰 양파의 껍질을 까듯
길에서 생의 껍질을 깐다.

순천의 밤

힘이 세진다는 순천 갯벌장어와
요강이 뒤집어진다는 복분자를 곁들이는
순천의 밤
부산에서 찾아오신 목사님
주님의 은혜라며
격려의 잔을 채워주고
나그네 외로움을 위로 하신다
붉은 피는 나누지 않았지만
뜨거운 심장으로 형제의 정을 나눈 지는
이언 시십여 년
방황하는 인생길에서 보이지 않는 손의 대리인

붉게 피어난 동백꽃처럼 붉디붉은 복분자
한 잔 두 잔, 한 병 두 병
혈기가 살아나는 아름다운 밤

세상은 걸어 볼만 한 인생길
나는 지금 어디쯤 가고 있을까
길이요 진리요 생명이라 하신 이에게
길에서 길을 물어본다.

서방정토 가는 길

가는 가을 따라 옷을 벗은 나뭇가지
오들오들 나뭇잎이
바람에 떨고
길 위를 구르는 처연한 낙엽
나그네 되어 길동무한다

별들도 소리 없는 가을밤이
잔잔한 파도처럼 흐르고
새벽달 기울고
이슬 내려 촉촉한 여명
서방정토 가는 길
신선한 공기를 마시며 걸어간다

늦가을 이른 새벽
둥근 달 따라오더니
어느 새 산 위에 앉아
이별의 손짓을 한다

바라만 보아도 후련한
끝없이 높은 파란 하늘

남파랑길 하루하루
햇볕은 엷어지고 가을은 익어간다

깊어가는 가을
지친 다리 이끌고 해변에 서서
붉어지는 노을 아래
외로운 나그네 미소 짓는다.

이 고개를 넘으면

오늘도 고개를 넘는다
"이 고개를 넘으면 자유가 있다!"
희망을 안고

그러면 더 험하고 힘든 고개가 나타난다
고개 너머 또 고개
그렇게 넘어온 고개가 몇 고개이던가

남은 것은 세월의 무게
그 무게가
다리와 온몸과 영혼의 근육이 되어

나는 다시 고개를 넘는다
"이 고개를 넘으면 자유가 있다!"
희망을 안고

허이! 허이!
오늘도 이름 모를 희망의 고개를 넘어간다.

방랑의 길

낭만과 모험의 방랑
넓고 경이롭게 펼쳐진 행복지도를 따라
나는 오늘도
마음의 길을 걸어간다

좋은 길인지 저주의 길인지
개의치 않고
마음에 울리는 소리를 따라
방랑을 노래한다

신선한 아침의 나들이
맑고 고운 파란 하늘
황금빛 태양이
한몸을 이룬 파란 바다에
은빛 구슬을 쏟아 놓는다

푸르름으로 온통 새 단장을 한
아침의 남파랑길
하늘에도 태양에도 구름에도 바다에도
나무에도 풀잎에도 돌멩이 하나하나에도

스쳐가는 바람과 새 소리에도
순간순간 경외감을 표시하며
유쾌하고 경쾌하고, 상쾌하고 통쾌한
방랑의 오감을 즐긴다

양쪽 손발이
거친 호흡이
피끓는 심장이
방랑의 길에서 춤을 춘다.

가을비

좋은 비 시절을 알아
이 가을에 내리는 구나
들길 걸어가는 나그네
심사를 소리 없이 적시네

가을비 우산 속에
괴나리봇짐 짊어지고
오늘은 어디에서 묵을까
정처 없는 발걸음

문득,
처마 밑에서 비 맞으며
눈가에 물 내리던
고향이 그리워지네.

축복

짙푸른 바다
파도의 울음소리가 들려온다
불면의 긴 밤 회상의 숲을 걸어간다
시시때때로 울컥울컥 치밀어 오르는
슬픔과 회한이 얼마나 많았던가

향기로운 날
아름다운 인생길

걸을 수 없다면
비록 살아서 존재하더라도
세상은
의미 없는 타인들의 세상이 될 것이다
두 발로 걸을 수 있다는 것은
진정 얼마나 커다란 축복인가.

꿈이 아니기를

꿈이 아니기를
오늘 이 하늘 아래
길 위에 가득한 이 행복이
모두가 꿈이 아니기를

꽃이 핀 자리에 다시 꽃이 피고
낙엽이 진 자리에 다시 낙엽이 지는
자연의 섭리를 보고 깨닫는 이 지혜의 길이
진정 꿈이 아니기를

가을의 끝에서 겨울로 가는
아름다운 계절의 노래가
인생의 선율로 울려 퍼지는 남파랑길이
아아, 진정 꿈이 아니기를

3부

산티아고 가는 길

산티아고 가는 길

유라시아 대륙의 서쪽 끝 이베리아 반도
이 대륙의 동쪽 끝 한반도에 살고 있는 순례자가
피레네 산맥을 넘어
날이면 날마다 걸어가는 27일간의 산티아고 가는 길
새벽 들판에서 별빛을 만나고
밝아오는 여명의 아침을 만나고
한낮의 불타는 태양을 만났다

날이면 날마다
양 떼같이 하얀 구름을 만나고
구름을 날리는 바람을 만나고
석양이 물들인 저녁노을을 만났다

날이면 날마다
끝없는 지평선과 메세타 고원을 만나고
포도밭과 붉은 와인 보리밭과 생명수 같은
맥주를 만나고
양 떼와 소 떼와 말무리들을 만났다.

날이면 날마다

노란화살표와 가리비를 만나고
지팡이를 든 중세의 순례자와 수많은 십자가를 만나고
크리덴샬에 스치는 알베르게를 만났다

날이면 날마다
중세풍의 성당을 만나고 레콘키스타의 성채들을
만나고
카미노 데 산티아고의 숱한 전설을 만나고
중세 순례자들의 아름다운 전설을 만났다

날이면 날마다
이사벨 여왕과 콜럼버스를 만나고
엘 시드와 돈키호테를 만나고
길을 나선 외로운 영혼들을 만났다

날이면 날마다
예수의 사랑과 용서를 만나고
야고보의 사명과 죽음을 만나고
위대한 신의 자비와 은총을 만났다

드디어 기쁨의 산에서 별이 빛나는 들판을 만나고
콤포스텔라에서 대성당을 만나고
'왔노라, 보았노라, 안았노라!'
대성당에서 산티아고를 껴안고 춤추는 자신을 만났다

아아, 산티아고 가는 길!
경이로운 대자연의 위대함을 체험하며
신을 만나고 자신을 만나는 카미노!
존재의 자각을 넘어 반짝이는 소중한 빛을 만났다.

순례자의 기도

주님! 평소 기도를 않다가 기도를 드립니다. 먼저 기도를 위한 기도를 드립니다. 기도하면서 나를 열고 당신을 받아들일 수 있도록 가르치소서. 입술이 아닌, 굳게 닫힌 마음과 영혼을 열게 하소서. 당신을 찾는 이들과 항상 멀지 않는 곳에 계시는 주님!

대한민국 여권, 순례자 여권, 자연이 발급한 여권 세 여권을 가지고 순례를 시작하는 오늘 이제 피레네산맥을 넘어가려 합니다. 별이 빛나는 들판으로 가는 순례자의 발걸음을 도와주소서. 낮에는 구름 기둥으로 보호하시고 밤에는 불기둥으로, 혹은 안식으로 보호하소서.

창세 전, 탄생 전에 이미 순례자가 되어 이 길을 걷도록 예정하신 그 은혜를 믿는 믿음을 주소서. 그리하여 사도 산티아고의 무덤 앞에서 무릎 꿇고 당신께 기쁘게 영광을 돌리게 하소서. 시점과 종점 사이의 모든 것을 당신께 맡기옵니다.

― 새벽 미명 생장피드포로의 성당에서

나의 기도

오, 선한 예수여!
나의 기도를 들어주소서
나는 순례자
산티아고 가는 길에
당신의 품안에 나를 숨겨주시고
당신의 날개로 나를 지켜주소서
당신과 떨어지지 않게 하시고
악마의 유혹에서 나를 보호하소서
산티아고에 이르면 나를 부르시어
당신의 만찬에 참석하게 허락하소서. 아멘

용서

일요일에는 신에게 용서를 빕니다
월요일에는 자신에게 용서를 빕니다
화요일에는 가족에게 용서를 빕니다
수요일에는 벗들에게 용서를 빕니다
목요일에는 자연에게 용서를 빕니다
금요일에는 미워한 사람들에게 용서를 빕니다
토요일에는 돌보지 못한 사람들에게 용서를 빕니다

가장 용서 받지 못할 사람은 바로 자기 자신
용서하고 미워하는 바보 같은 자신입니다
용서 빌고 또 잘못을 저지르는 자신입니다
하지만 나는 자신을 위해 자신을 용서하고
자신을 위해 타인을 용서합니다
용서는 사랑입니다
나는 하늘 아래 모든 인연을 사랑하려 합니다.

한 걸음

적소성대라
작은 것이 모여 큰 것이 된다

작은 티끌이 태산이 되고
작은 물방울이 바다가 되고
작은 모래알이 사막이 된다
작은 별이 은하수가 되고
작은 풀잎이 숲을 이루고
작은 순간이 영원이 된다
작은 미소가 낙원이 되고
작은 친절이 극락이 되고
작은 사랑이 천국이 된다

산티아고 데 콤포스텔라로 걸어가는
카미노의 한 걸음 한 걸음
일백만 걸음이 넘어 마침내
살아 있는 선한 목자를 만나고
수호성인 성 야고보를 만난다.

여명의 순례길

여명이 밝아오는 산골마을
해발 1,000m에 위치한 아헤스의 정적이
순례자의 발걸음에 깜짝 놀라고
숲속의 새들도 놀라 노래 부른다
"올라, 버드(birds)!"
"올라, 페레그리노!"
반갑게 인사를 나누는 활기차게 시작된 하루
오늘은 어떤 여행자가 순례자를 찾아올까
즐거움, 기쁨, 감사, 외로움, 그리움, 깨달음 등
예기치 않은 손님들
어떤 손님이든, 설령 불쾌하고 불편한 손님이라도
모두 반갑게 맞이하리라
홀로 걷는 산티아고 가는 길
하늘이 열리고 자유와 평안이 내려온다.

길을 걷는 이유

내가
여명의 새벽에
홀로 일어나
서늘한 가을바람 맞으며
카미노를 걷는 이유는
너를 만나고 싶어서다
주님!
오늘은
너를 만나 사랑을 나눌 수 있게
도와주소서.

순례자 · 1

나그네가
머나먼 나들이를 갔네
카미노 데 산티아고,
묵시아를 지나서
땅끝 피스테라를 갔네

누구를
무엇을
왜
무슨
까닭인지 묻지 마오

하늘 구름 태양 달 별 바람 산하가 펼쳐진
카미노 위에는 자유와 평화, 용서가
웃으며 기다린다오

일상의 소중함을 알기 위해 카미노로 간 순례자는
카미노의 가치를 깨닫기 위해 일상으로 돌아오고
돌아온 뒤의 순례자는 떠날 때의 순례자가 아니라오
카르페 디엠의 삶

고독속의 침묵과 평화
덜 복잡하게 살기를 실천하는
천년 역사 순례길의 보이지 않는 손길로
새로 태어난 순례자를 만난다오.

땅 끝에서의 기도

세계의 땅 끝 피스테라까지 전파하라 하신
나의 주님
인생의 카미노에
내 영혼의 집을 짓게 하소서
태풍이 몰아쳐도 기울거나 쓰러지지 않을
내 영혼의 집을 짓게 하소서
아침이면 떠오르는 태양이 보이는
내 영혼의 집을 짓게 하소서
낮에는 파란 하늘 뭉게구름이 보이는
내 영혼의 집을 짓게 하소서
밤에는 어두운 하늘에 별들이 보이는
내 영혼의 집을 짓게 하소서
상처를 입었을 때 달려가 치료할 수 있는
내 영혼의 집을 짓게 하소서
하루의 놀이가 끝나면 돌아갈 수 있는
내 영혼의 집을 짓게 하소서
온종일 오직 당신만을 사랑할 수 있는
내 영혼의 집을
순례자의 카미노에 짓게 하소서.

순례자 · 2

세상은 이슬에 취해 반짝이고
여명이 살며시 눈을 뜨는 이른 새벽
순례자는
재빠른 아침과 발을 맞추어
카미노를 걸어간다

지평선에 뜨겁게 드리운 태양이
쉼없이 황량한 길을 재촉하고
석양이 쓸쓸한 마음의 눈물 흘리면
순례자는
어두운 밤과 사랑을 나눈다

인생의 즐거운 순간은 그리 길지 않으니
고마운 마음으로 그 시간을 즐겨야 하리
순례자여!
신은 사랑하는 자에게 잠을 주노니
이제 편히 영혼의 안식 누리오.

순례자의 노래

사리아로 가는 길
그늘 하나 없는 광활한 평원
지평선에 개미 한 마리가 기어가듯
걸어가는 외로운 순례자의 노래가 들려온다

자유롭게 방랑하다 죽으리라
자쾌하며,
행복하게 평원을 방랑하다 죽으리라
나의 태양이 지고 나의 낮이 저물면
어둠과 함께 춤추며
죽어서 이 평원과 하나가 되리라.

나는 순례자다!

순례의 마지막 날
묵시아의 산 정상으로 올라가는 순례자
동쪽바다가 붉게 물들고 태양이 떠오른다
아아, 바다에서의 일출!
순례길에서 만나는 첫 바다 일출
삶은, 여행은 참으로 신기하고 신비롭다
야고보가, 순례길이, 걸어온 인생길이 스쳐가고
눈가에는 맺히는 이슬
태양을 바라보며 결국 눈물이 흐른다
낙타의 눈물처럼 돌에도 흐르는 눈물
흐르고 흘러내린다
흐느낌이 신음으로, 결국 통곡으로 변한다
영혼에도 허파와 콧구멍이 있다던가
세척제로 씻고 나니 영혼이 후련하다

성모마리아 성당 앞 '0km' 지점에서
피스테라까지 31.329km를 시작한다
성모 마리아가 배를 타고 와서
'시작'이라는 의미를 가진 묵시아에서
세상의 땅 끝 피스테라로 걸어간다

마침내 피스테라 순례자 조각상을 지나서
하얀 피스테라등대 입구 '0.00km' 지점의
땅 끝에 도착했다
땅 끝에서, 세상의 끝에서 다짐한다

"가자! 이제 다시 시작이다!
나는 순례자, 영원한 순례자다!"

이별의식

'0.0' km
피스테라 땅끝 에서
신발 조각 태우는
버리고 내려 놓고 보내 버리는
이별의식

삼십일 일 동안 구백 킬로미터
한 걸음 또 한 걸음
하루 또 하루 걸으면서
한 터럭 한 터럭 무명초에 담은
몸과 마음의 사악한 죄

수염에 담긴 어설픈 상념들
비움으로 다시 채우는
세계의 땅 끝 피스테라에서
깡그리 밀어버리는 이별의식

킬리만자로 가는 길

그대는 가 보았는가!
한반도에서 남서쪽 1만km 검은 대륙
아프리카의 탄자니아
아프리카 최대의 호수 빅토리아호 동쪽 450km 지점
태양이 작열하는 적도 바로 아래
1년 내내 만년설로 뒤덮인 우주에서도 선명한
꼭지점 있으니
아프리카 최고봉 해발 5,895m 킬리만자로
홀로 솟은 산 중에서는 세계 최고
오르는 거리는 히말라야보다 긴
지구에서 가장 큰 휴화산

나는 가 보았네!
하이에나가 되기보다는 산정 높이 올라가
굶어서 얼어 죽은
킬리만자로의 표범을 찾아 5일간 트레킹을 했네.
마랑구게이트(1,830m)에서 등정을 시작하여
열대우림지대
8km를 걸어서 만다라산장(2,720m)에서 1박하고
관목지대 11km를 걸어서 호름보산장(3,720m)에서
2박했네.

호름보 산장에서 화산재로 덮인 사막지대를 지나서
세계에서 최고 높은 곳에 있는
키보 산장(4,720m)까지 오르고
별빛만이 반짝거리는 칠흑같이 어두운 밤 12시
우후르 피크(5,895m)를 향해 산장을 출발했네

정상을 향해 올라가는 5km 등정 길
03시, 한스마이어 동굴(5,180m)에 도착하고
추위와 바람이 몰려오고 거친 호흡을 내뱉고 마시면서
가파른 바위산을 오르고 올라
05시 30분, 드디어 길만스 포인트(5,685m)에 도착했네
시커먼 구름 너머로 서서히 여명이 밝아오고
눈 덮인 킬리만자로의 거대한 분화구를 따라
한 걸음 한 걸음 정상을 향해 올라가네

아아, 킬리만자로의 경이로운 일출!
드디어 구름 위로 태양이 솟아오르고
천하가 눈 아래 내려다보이는 아름다운 경관을 즐기면서
만년설과 빙벽이 펼쳐진 순백의 빙판을
아슬아슬 올라가네
거친 호흡 내뱉으며 한 걸음 한 걸음

아아, 드디어 정상, 감동적인 순간!
눈 덮인 킬리만자로의 산정 우후루(Uhuru) 피크에
자유의 깃발 태극기 휘날린다
동쪽으로는 마웬지 봉(5,149m)이 솟아있고
황량한 대지 넘어
서쪽에는 메루(4,565m)산
온 사방으로는 광막한 황야만이 아득하게 펼쳐지는데
킬리만자로의 표범은 도대체 어디에 있는가
그때 어디선가 들려오는 노래

구름인가 눈인가 저 높은 곳 킬리만자로
오늘도 나는 가리 배낭을 메고
산에서 만나는 고독과 악수하며
그대로 산이 된들 또 어떠리

하산 길에서 만난 킬리만자로의 표범
그 표범은 바로 내 마음 속에 하이에나처럼 있었으니

-킬리만자로의 '킬리마'는 '산' '나자로'는 '빛나는' 이라는 의미
-우후르 피크의 우후르는 '자유' 라는 의미의 스와힐리어로 1965년 영국에서 독립한 것을 기념해 지은 이름이다.

후지산 산행

꿈이었는가
꿈 속의 꿈이었는가

육합목 산장 늦은 오후
기대 반 흥분 반 잠 못 이루고
설렘으로 시작하는 밤 열두 시
밤하늘 별빛은 기운을 잃어가고
불어오는 바람에 대망이 흘러간다

오르고 또 오르면 못 오를리 없는
산정을 향한 발걸음
한 걸음 두 걸음 생의 계단을 올라간다
고소증 고산병
오면 오는 대로, 가면 가는대로
흔들흔들 비틀비틀 방황하는 젊은 날처럼
별빛 하나 없는 후지산 걷고 또 걸어간다

먹을 만큼 먹은 나이
이제는 제대로 걸어야겠는데
구름 속 빗줄기 뚫고 정상에 오른다
부끄러워 가려진 후지산 분화구 위로

인생 샷 날린 주역들의 얼굴이 스쳐간다

꽃과 나비처럼 싱싱한 젊음의 채ㅇㅇ와 오ㅇㅇ
그리고 정ㅇㅇ
소중하고 또 소중한 강단의 정ㅇㅇ과 민ㅇㅇ
이세상이 원하는 남자 잘 생긴 이ㅇㅇ과 ㅇㅇ님
언제 어디서나 품위 있고 우아한 탁ㅇㅇ과 현ㅇㅇ님

반평생을 벗으로 남은 인생도 벗으로 갈 친구
사자처럼 용맹하고 뱀처럼 지혜로운 형님과 형수님
인생은 칠십부터 젊은이처럼 강건한 우리 형님들
존재의 흔적에 감사하는 아들과 아버지

영원히 남을 비 오는 날의 후지산
정녕 간직하고 기억하리다
아름다운 그 정경들을
이생의 인연
감사하고 또 감사하나이다.

차마고도 가는 길

아아, 운남성 나시객잔에서 시작한
차마고도 가는 길
오르고 내리고 구불구불 마방들이 스쳐 간 산허리
호랑이 놀던 길을 걸어

까마득한 그 옛날의 말울음 소리 들려오는
해발 이천삼백 미터 원시의 차마객잔
정적에서 깨어난 새벽 2시
호도협 건너편 그림처럼 펼쳐진 옥룡설산
초롱초롱 밤하늘 수놓은 천상의 꽃들

이리 뒤척 저리 뒤척 잠 못 이룬 새벽 4시
옥룡설산 너머 하현달이 떠오르고
어슬렁어슬렁 여명이 밝아오니
창조의 세계가 신비하게 열린다

동 트는 아침 은빛 찬란한 용이 누운 듯 웅장한 바위
하늘에 선을 그으며 힘차게 날아가고
새로운 날 새로운 길 바람 거슬러 비상하는 대붕처럼
장선생 차마객잔으로 하루의 길을 걸어가는
지구별 방랑자

하얀 거품 물고 포효하는 해발 일천칠백 미터 중호도협
지축을 울리는 호랑이 울음소리
격랑의 계곡 물길 거슬러 올라간 잉어 한 마리
바위 위로 힘차게 솟아올라 등용문 열고 비상하니
웅장하게 펼쳐지는 전설의 신비한 옥룡설산

아아, 그 누가 용문협에만 있다고 했던가
차마고도 호도협에 사나이 야망이 굽이쳐 흘러간다.

- 2023년 11월 5일

황하의 노래

실크로드 가는 길
난주 황하 강변에 앉아
이백이 좋아하던 서봉주 곁들여
나 홀로 흥취를 노래할 때

어디선가,
'하늘에서 내려와 바삐 흘러가 돌아오지 못하는
황하'를 노래하던 이백의 '장진주'가 들려오고
오래 전 문명을 열었던 황하가 유유히 흘러가네

아아, 문명의 젖줄인 황하여!
실크로드 가는 길
그대 만나서
짧은 인생 한가롭게 풍류를 즐기네

잘 가라, 황하여!
흐르고 흘러 바다로 들어가서
황해에서 다시 만나세
황해에서 못 만나면
훗날 황천 주막에서 만나세.

인터라켄의 아침

하늘을 나는 쇠를 타고
열두 시간 달려
취리히 공항에 착륙했네

대자연을 스쳐 가는 버스에 몸을 싣고
다시 두 시간을 달려
인터라켄에 도착했네

인터는 '사이'요 라켄은 '호수'라
마을 양쪽에
두 개의 영롱한 눈이 있네

밤새워 들려오는 인터라켄역의 기차소리
그리운 고향역의 추억을 노래할 때
새들이 새날을 노래하며 여명이 밝아온다

하늘에서 보낸 아침의 전령사가
즐거움, 환희, 신비로움, 감동……
선물을 가져다 주고

또 하루의 손님을 맞이하는 방랑자는
융프라우와 아이거의 장관을 바라보며
신선한 인터라켄의 아침을 노래한다.
.

마테호른의 일출

폭포수처럼 쏟아지는
빙하수
체르마트의 미명을 깨우고

알프스 3대 미봉을 넘어
세계의 3대 미봉에 오른
마테호른

암벽 정상에 황금빛 드리울 제
열정의 불꽃
왕관으로 피어나네

온몸에 용포 걸친 모습
누구의 작품인가
황홀하구나

알프스의 이등
몬테로사 위용이
황금빛 문신 앞에 겸손할 제

체르마트의 태양
백설의 마테호른에
입을 맞추네.

샤모니의 노을

만년설로 치장한 백설의 여인
샤모니의 아침노을
미소 짓는 아침

침봉들 호위하는
사천팔백십 알프스 제왕 앞에
지구별 방랑자 탄성을 지르네

새 소리 물 소리 빙하의 소리
여인의 젖가슴 구석구석
한낮의 발걸음 흐르고

알프스 제일봉에 순결의 빛
몽블랑의 저녁노을로
서럽게 다가오네.

홀로 가는 길

멀리 가려면 함께 가라 하지만
나는 홀로 걸어간다
어디에도 매이거나 물들지 않고
자유롭고 순수하고 흔들리지 않음이
진정한 나 홀로 걷기여행
자신의 그림자만을 데리고 훨훨 가는
그것은 홀로의 멋이고 여유

홀로 가는 길
가고 싶은 데로 가고
자고 싶은 데서 자며
울지도 말고 허탈해지지도 말며
눈을 열고
눈으로 보는 마음을 열고
마음으로 느끼는 영혼의 소리를 들으면서
오늘도 운수야인이 되어
홀로 홀가분하게 길을 걸어간다.

4부

해파랑길 이야기

해파랑길 이야기

나는 걸었네!
붉은 해랑 벗하고 파란 바다랑 벗하는
멋과 낭만의 동해안 해파랑길
나는 시작했고 도착했네
시간은 날아서 달아나고
바람은 나뭇잎을 흔들며 살며시 지나가네
손도 없이 발도 없이 파도가 춤을 추고
나그네도 어울려 온몸으로 춤을 추는
해파랑길의 춤은 환희의 춤이요 고독의 춤
침묵의 춤이요 영원의 춤
끝없이 펼쳐진 하늘길 해안길을 따라
덩실덩실 춤을 추며 걸어가는 길

해는 하늘 높은 곳에서 비추는 가장 빛나는 별
바다는 가장 낮은 곳에 겸손히 엎드린 물
인생은 해랑 바다랑 잠시 살다 가는 여행자
동해와 남해의 분깃점인 오륙도해맞이공원에서
고성 통일전망대까지 이어지는 770km 걷기 길
부산, 울산, 경주, 포항, 영덕, 울진, 삼척-동해,
강릉, 양양-속초, 고성까지
2014년 7월 29일부터 25일간 나 홀로 걸었네.

천리 길도 한 걸음부터라는 경구를 의지하여
달팽이처럼 거북이처럼 느릿느릿 걸어가는
나 홀로 2천 리 길
해파랑길 유랑은 절제로 얻은 자유와 멋스러운
삶의 노래
감동을 찾아 행복을 찾아 해랑 파도랑 나랑 걸어간
위대한 여정
두 발로 걸으며 자신을 성찰한 당국자미 방관자청
백년을 산다 해도 삼만육천오백 날에 불과한 인생
눈 위의 새 발자국이 사라져버릴 생의 순간순간을
사랑하며
카르페 디엠을 외치며 나 홀로 걸었네

홀로는 영혼이 자유로운 사람
인생은 죽음으로 가는 여행이지만 삶 그 자체로 보상
'걷고 싶다! 지금 이대로 자유를 갖고 싶다!'
외치며 나 홀로 걸어가네
옛 화랑들이 걸었던 국토순례의 길
삶은 다른 사람의 고통을 덜어줄 수 있는 한
헛되지 않나니
화랑의 후예로 나답게 살다가 나답게 죽을 수 있기만을

파도가 춤을 추고 갈매기 나는 최북단 명파해수욕장
텅 빈 바닷가에서 한 나그네가 웃으며 노래하네
"해파랑길에서 한판 잘 놀았다!"
"이제 어디로 가지?"

- 2014년 8월.

간절곶에서

불야성 아래 오고가는
사람들의 왁자지껄하는 소리
사람들 틈에 낄 수도
바다에 들어갈 수도 없는 경계인이
홀로 해변에서 까뮈를 생각하며 사색의 길을 걷는다

한 곳에 머물지 않고
이 곳 저 곳 집 삼아 떠돌아다니며
외로운 방랑자의 노래를 부르는
방외인의 먼 여정에서 또 하루의 삶이 지나간다

신은 '사랑하는 자에게 잠을 준다.' 하였기에
남은 평생을 매 순간
오늘 느끼는 감동으로 살고 싶다는
간절한 소망을 안고
간절곶에서 단꿈을 청한다.

헬렌 켈러의 기도

간절곶 바닷가
하늘이 바다와 입 맞추는 여명의 아침
온 세상에 붉은 기운이 서린다
울긋불긋 수평선에 새벽노을 물들면서
서서히 붉은 알이 탄생하고
붉은 물결 위로 쟁반 같은 것이 치밀어 오른다
마침내 바다가 알 하나를 부화한다
솟아오른 해가 반짝이며 인사를 한다
"좋은 아침!"

세상을 밝히는 위대한 태양이 떠오르자
장난기 있는 갈매기가 아침노을 조명으로 춤을 추며
날아가고
태양빛에 검어진 고깃배가 좌에서 우로, 우에서 좌로
신이 난 듯 조화를 이루며 춤을 추며 달려간다

넋을 잃고 바라보는 한 폭의 그림 같은 눈부신 풍경
밤이 낮으로 바뀌는 가슴 떨리는 기적을 바라보고
하느님께 감사의 기도를 드리고
영원히 암흑의 세계로 돌아가고자 했던
헬렌 켈러의 '사흘만 볼 수 있다면' 기도가 들려오는

아침

아아, 신비로운 간절곶의 일출이여!

완주

인생의 모든 순간은 결정적 순간
그래서 가는 사람이 있고
그래서 가지 않는 사람이 있는가 하면
그래도 가는 사람이 있고
그래도 가지 않는 사람이 있다

꿈을 향해 가는 길에 결코
버려지는 순간은 없나니
티끌 모아 태산
한 걸음 한 걸음이 기저이 모여
해파랑길의 완주가 이루어진다.

파도

한 줄기 파도가
바위를 할퀴고 지나간다
한 순간의 정적이 스쳐가고

철썩 철썩
다시 밀려온 파도가
거품을 물고
바위의 따귀를 때린다

그 순간,
확철대오한
해파랑길 나그네가 미소를 짓는다.

나그네

고요한 외줄기 들판 길 따라
외로운 나그네 저 홀로 걸어갈 때
차가운 한 줄기 바람에
조각구름 하나가 흘러간다

꽃이 지기로서니 바람을 탓하랴만
꽃이 지는 가을은 울고 싶어라
귀촉도 울음 뒤에 먼 산이 다가서고
종 소리에 놀라 낙엽이 떨어진다

물 위에 바람이 흐르듯
흰 구름 가슴에 흘러가고
붉게 물든 저녁노을 곱게 불타니
다정도 병인 양 눈시울이 젖는다

아스라이 휘도는 길 서늘한 바람결에
검은 수염 날리는 서러운 나그네가
터벅터벅 터벅터벅
저 홀로 해파랑길을 간다.

이별주

허락 없이 아프지도 말고
흙으로 돌아가지도 말지니

씨줄과 날줄로 얽힌 인연
어떻게 풀어야 하는지
돌아보는 시간도 없이
황망히 간다면
그것은 무효

그래도 정녕 가야 한다면
갈 때 가더라도
비 오는 날
이별주나 한 잔 하고 가세나!

오늘은 좋은 날

오늘은
걷기 좋은 날
푸른 하늘 바라보며 광활한 대지를 걸어간다
오늘은
책 읽기 좋은 날
넘기는 책장 속에서 시공을 넘어 자유와 진리를 만난다
오늘은
술 마시기 좋은 날
일배일배부일배 취중선의 경지로 나아간다
오늘은
여행하기 좋은 날
아아, 참으로 세상은 넓고 갈 데는 많구나!
오늘은
울기 좋은 날
목청껏 소리 내어 울면서 수정 같은 눈물로 메마른
세상을 적신다.
오늘은
사랑하기 좋은 날
다정하게 두 손을 꼭 잡고 따스한 온기를 나눈다
오늘은
죽기 좋은 날

저 세상에서 소풍 와서 한 판 잘 놀았으니 웃으며
돌아가야지
오늘은 좋은 날
날이면 날마다
이래서 좋고 저래서 좋은 날

휴휴암에서

휴휴암에서 동해의 푸른 바다를 바라보네
바다에는 구름이 흘러가고
마음에는 느낌의 조각들이 흩어지네
저 넉넉한 바다 같이
저 유연한 구름 같이 살고 싶구나
씨줄과 날줄로 얽힌 인연의 굴레에서 벗어나
가끔은 혼자이고 싶구나

그리고 내 안의 나를 보고 싶네
가끔은 이렇듯 훌훌 떠나
모든 것을 놓아버리고 싶네
그리고 가끔은 눈을 감고 침묵하고 싶네
우뚝 솟은 바위처럼 침묵하고 싶네
그리고 무소의 뿔처럼 혼자서 가고 싶네

그래서 가끔은 정말
휴휴암에 앉아 휴휴를 즐기는
진정한 자유인이 되고 싶구나.

평화의 길

나는 걷는다
오직 나 자신만을 의지하며
오늘도 길을 걷는다
희미한 추억의 향기를 안고
지난날의 손님이 되어
머나먼 땅에서 땀을 흘리며
휴식을 취하고 있다

세상을 벗어난 걸까
세상에서 쫓겨난 걸까
서글픈 마음보다
환희의 찬가를 부르고 있으니
나는 분명 즐거운 여행자

나는 나를 용서 못해도
하느님은 나를 용서하셨네
바람이 그러하니
나도 나를 용서하리라
산 넘고 광야를 지나서
이제 당신께로 돌아가네

목적과 목표를 앞세워
살아온 날들
생생한 보람을 찾아
달려왔건만
이제는 그저 길 위에
존재하는 것만으로 평화롭다.

하조대에서

하륜과 조준이 놀았던 하조대에서
끝없이 멀고 먼 푸른 바다를 바라본다
저 바다 끝에는 하늘이 있는데
저 하늘 끝에는 무엇이 있을까
저 산 너머에는
저 시간의 끝에는
저 즐거움의 끝에는
저 고통의 끝에는 무엇이 있을까
그 끝을 알 수 없는 생의 여로
영화를 누리다가 나이 들어 객사한 하륜
총애를 받으며 끝까지 권세를 누렸던 조준을 생각하며
네가 아니고 나의 길
수많은 갈래에서 스스로 선택한 마음의 길을 갈 때
한 줄기 시원한 바람이 뺨을 스친다.

자유인

신라의 화랑 영랑이 넋 나갔던 영랑호 산책길
고즈넉한 낭만을 맛보며 걸어간다
인생은 축제와 같은 것
오늘도 길 위에서 있는 그대로 즐긴다
낙관론자는 장미꽃만 보고 그 가시를 보지 못하며
염세주의자는 장미꽃은 보지 못하고 그 가시만 본다지만
나그네는 길 위에서 장미꽃과 가시를 모두 보며 걷는다
오늘 하루 길 끝에는 무엇이 기다리고 있을까

호수지만 바다 같은 영랑호 20리 길을 돌아
장사항에서 45코스를 마무리 할 때
"나는 아무 것도 바라지 않는다
나는 아무 것도 두려워하지 않는다
나는 자유다"라는
니코스 카잔자키스의 묘비명이
해파랑길에 살아 있는
자유인의 가슴에 날아든다.

고행의 해파랑길

인생이란 여행길에서
기쁨과 즐거움으로 해파랑길의 소풍을 즐긴다
내 마음이 가는 그곳에 보물이 있기에
내 인생을 풍요롭게 하는 마음의 길을 따라
한 걸음 또 한 걸음 걸어간다

동해안 북쪽에서
가장 아름답다는 가진항을 지나간다
통일전망대 가는 길에 남은 항구는
이제 거진항과 대진항
해안선을 따라 북으로 북으로 올라간다

푸른 하늘 푸른 바다가
수평선 끝에서 하나가 되어 맞닿은
여름날의 아름다운 풍경
푸른 해랑 푸른 바다랑 벗 삼아 걸어가는
어떤 대가를 치르고도 누릴 가치가 있는
고행의 해파랑길

바닷바람 상쾌하고 발걸음 경쾌하고
기분은 유쾌하고 하루 길은 통쾌하구나.

5부
강 따라 길 따라

두 바퀴로 달리는 4대강 국토종주

다시 길을 떠났네
태양은 지고 싶을 때 지고
강물은 가고 싶은 곳으로 가듯이
나는 내 마음의 길을 갔네
한겨울의 추위를 안고
임시 개통된 4대강 국토종주
한강과 낙동강에 이어 금강과 영산강 자전거길
두 바퀴로 달리는 4대강 국토종주 997km
나는 시도 했고, 마침내 도착했네

삭풍이 몰아치는 경인아라뱃길 아라서해갑문에서
대망을 안고 시작하여 아라한강갑문까지
아라바람길 21km를 달리고
한강의 기적을 바라보며 팔당대교에 이르는 56km
한강종주길
충주 탄금대로 이어지는 132km 남한강 종주길
상주 상풍교로 이어지는 100km 새재 자전거길을
달려서
낙동강 칠백 리 따라 낙동강하굿둑에 이르는
낙동강 자전거길 324km를 마무리 했네
길은 다시 대청댐으로 옮겨져

금강하굿둑에 이르는 146km 금강 종주길을 달리고
담양댐에서 시작하여 영산강하굿둑까지 133km
영산강 종주길을 달리면서 한겨울에 펼쳐진 912km
4대강 자전거길 국토종주를 마무리했네

상주 상풍교에서 내 고향 안동댐에 이르는
낙동강 자전거길 85km는 미완의 종주
낙동강은 내 혈관에 흐르는 생명의 젖줄
정든 내 고향을 향하여
햇살로 물결치는 낙동강을 거슬러 달렸네
아름다운 내 조국 자랑스러운 대한민국
내 나라 내 산하를 걸어서 종단하고
백두대간 백대명산 근골을 두 발로 걷고
생명의 젖줄 4대강을 두 바퀴로 달리는 일은
뿌리와 존재에 대한 확인이요 자기성찰
국가와 국토와 자연에 대한 사랑이라네
내 나라 내 땅의 역사와 문화는 알지 못하고
먼 나라 이웃나라부터 찾는다면
하늘의 별을 바라보느라 발밑의 꽃을 짓밟는 처사라네

강 따라 길 따라
두 바퀴로 달려가는 4대강 국토종주는
안락지대를 벗어나 불편지대로 임하는
아름다운 도전이요 동굴의 탈출
세상의 빛 속으로 들어가는 유랑이요 자유의 길

나는 야,
흐르는 물이 되고 바람이 되어
강 따라 길 따라
물아일여의 기쁨을 마음껏 누렸네.

-2013년 8월

강 따라 길 따라

강(江)은 하늘에서 내린 물이 대지에 흐르는 길
굽이굽이 쉬지 않고 앞 강물 뒤 강물은
당겨 주고 밀어 주고 흘러도 연달아 흐른다
강 따라 길 따라 구름이 흘러가고 세월이 흘러가고
길 위의 나그네 마음도 흘러간다

생명 있는 것들은 죽음으로 흘러가나니
눈 쌓인 흙 위에 기러기 발자국 해 뜨면 사라지고
새는 동으로 갔는지 서로 갔는지 알 수가 없다
누구나 금세 왔다가 금세 사라져야 하는 운명
젊음은 오래지 않으니 피었다가 지는 꽃잎 사이를
자유를 즐기며 날아다니는 나비처럼
불꽃같은 젊은 시절 마음껏 생의 찬미 부르리

계절이 순환하듯 인간사 돌고 도니
운 좋으면 불운에 대비하고 불운하면 희망으로
극복하며
과거의 행복은 잊을지니 창조는 망각에서 시작된다
행복과 불행은 하나의 문
슬프다고 너무 슬퍼 말고 좋다고 너무

좋아하지 말 일이니
영원한 행복도 영원한 불행도 없다

강 따라 길 따라
앞바퀴 뒷바퀴 두 바퀴를 굴리면서
희망가를 부르며
나그네는 오늘도 흘러간다.

아아, 한강!

태백의 광명정기 품은
금대봉 검룡소(儉龍沼)
이무기 몸부림쳐 폭포를 이루고
민족의 젖줄 한강을 발원했네

겨레의 정신과 육신 보듬은
생명의 수맥
정선아리랑을 품고 흐르다 송천과 합류하고
영월을 흐르는 아름다운 동강
슬픔 품은 청령포의 서강을 합하네

도담삼봉 끼고 단양팔경 이룬 뒤
치악산에서 발원하여 명돌마을 만들고
천등산 지등산 인등산 정기 품은
제천천 합류하네

충주호에서 넓은 가슴 이룬 뒤
우륵의 가야금 소리 들려오는
탄금대로 달려가서
속리산에서 내려오는 달천을 합하여 흐르고

하늘은 나를 보고 구름이 되라 하고
땅은 나를 보고 바람이 되라 하는
목계장터 지나고
아름다운 여강의 신륵사를 지나서
두 물이 만나는 두물머리
금강산에서 흘러내린 북한강과 한몸 되어
오천 년 역사에 빛나는 한강의 기적 만들고
김포 보구곶리에서 서해바다로 흘러드네

아아, 한강
우리 겨레 백제와 조선의 천년 도읍 젖줄이여!

아아, 낙동강!

황지의 근원 물은 겨우 잔에 넘치는데
봉화의 오지 달려서 운곡천을 만나고
퇴계가 사색하던 청량산 휘어감아
도산서원 지나면서 넉넉한 안동호를 이룬다
안동댐 아래에서
임하댐에서 흘러오는 반변천을 만나
안동의 젖줄 되어 기상 높이고
안동인의 얼이 깃든 하회마을 감아 돈다

태백산에서 발원한 내성천
죽월산에서 시작한 금천을 품에 안아
오고 가는 길손들 삼강주막 만들고
퇴강리에서 문경의 영강 합치며
낙동강 칠백 리 물줄기를 이룬다

상주 남쪽에서 위천을
선산 부근에서 감천을
대구 부근에서 금호강을
남지 부근에서 남강을 합한 뒤
동쪽으로 물길 바꾸어
삼랑진 부근에서 밀양강을 합친 후

다시 남쪽으로 흐르고 흐르면서
예서 자란 사나이들 혈관에도 흘러
빛나는 가야 신라 역사 만들고
천삼백 리 달려온 길
낙동강 하구언에서 남해바다로 들어간다

아아, 낙동강!
태백에서부터 골골이 흘러 내를 이루고
유연한 곡선미 자랑하는 풍만한 여인이 되어
강을 젖줄로 살아가는 생명늘의 혼과 애환을 담아
을숙도 지나면서 바다에 이르렀네

아아, 낙동강!
영원히 흘러갈 나의 낙동강!
너는 내 핏줄 속에 흐르는 강물이어라
붉다 못해 푸르른 핏물이어라.

길

길 밖에서 길을 보면
길 아닌 길이 없다
비바람 눈보라에
슬퍼 절망하지만

지나온 이 길 저 길
그 길 또한 길이었으니
걸어온 지난 세월
백척간두의 길

생애의 팔 할이
엄마였으면
생애의 이 할은
희망이었다

괴나리봇짐 둘러메고
톱날 같은 눈물 끊어 내며
끝없이 방랑했던 광야의 길을 지나

이제는 길 위에서
자유와 안식 누리리.

새 나라를 열라!

금강의 발원지는 장수 신무산 뜬봉샘
오색찬란한 봉황이 무지개를 타고
너울너울 하늘로 떠나면서
'새 나라를 열라' 하였다는
이성계의 전설이 깃든 깊은 산속 옹달샘

진안, 무주, 금산, 옥천, 영동, 보은, 청원, 세종, 공주,
청양, 부여, 논산, 익산을 거쳐 395km 천리 물길을
흘러내려서
서천과 군산을 잇는 금강하굿둑을 통해 서해바다로
들어간다

뜬봉샘과 서해는 금강의 시작과 끝
시작은 끝이요 끝은 곧 시작이니
시작과 끝은 언제나 하나

사하라 사막은 작은 모래 하나하나가 이루어지고
밤하늘에 빛나는 은하수는 별 하나하나로 이루어지듯
강물은 한 방울 방울의 물들이 이루어 놓은 기적

자전거를 탄 나그네는 두 바퀴를 굴리며
천 리 물길 사연을 안고 새 나라 열어 간다.

백제를 달리며

산다는 것은 꿈을 꾸는 것
현명하게 산다는 것은 즐겁게 꿈을 꾼다는 것
흐르는 물에 두 번 발을 담굴 수 없듯이
가 버린 시간은 돌이킬 수 없나니
황산벌을 달리는 계백장군 오천 결사대의
말발굽 소리 들으며
술을 고래같이 마시고 시를 무지개같이 토하며
백제의 멸망을 노래하면서 백마강을 따라 달려간다
강물이 모여서 바다로 흐르는 까닭은
강은 이승이요 바다는 저승
나그네는 오늘도 죽음을 향하여 즐거운 꿈을 꾼다.

선택의 길

봉황은 푸른 하늘을 등에 지고 구름 위까지 오르는데
동네 울타리를 나는 참새가 어찌 하늘 높음을 알겠으며
동해바다 곤이라는 큰 물고기를 어항 속의
작은 물고기가
어찌 알겠는가
알을 깨기 위해 투쟁하는 새와 같이 껍질을 벗기 위해
끊임없이 낯선 길을 달려가는 나그네
곡고화과라
머나먼 길 달려가는 웅지를 그 누가 알겠는가
세상을 위해 할 수 있는 가장 훌륭한 일은
자신을 최대한 실현하는 일
두 바퀴를 굴리며 미래가 현재를 축복해주는
바로 그 선택의 길을 달려간다.

영산강

담양 추월산 자락의 용소에서 발원한 영산강
담양호를 흐른 물길은 장성, 광주를 지나고
나주 영산포에서 제법 큰 강이 되어 함평, 무안, 영암
목포를 흘러 서해로 들어간다
남도에서 시작하여 남도에서 끝나는 남도다운 영산강은
남도의 젖줄

담양호에서 출발하는 영산강 자전거길 133km
담양 대나무숲길, 나주의 승촌보와 영산포를 지나고
죽산보와 무안느러지 관람전망대를 거쳐
영산강 하굿둑에 이른다
용이 솟아올랐다는 용소에서 시작하여
바다로 들어가는 영산강의 운명을 바라보며
운명을 사랑하고 즐기며 이겨내는 나그네가
시처럼 그림처럼 펼쳐진 영산강 종주를 마친다

하굿둑에 올라서서 드넓은 영산호를 바라본다
금강이 보이고 낙동강이 보이고 한강이 보인다
새해 벽두 아라뱃길의 여명이 강 따라 길 따라
길에 연한 길을 달려 목포의 저녁노을과 만난다

4대강 자전거 국토종주 대 항해를 마무리하는
하굿둑에는 문명의 소리가 빠른 속도로 달려가고
목포의 밤 유달산에는
사공의 뱃노래 목포의 눈물이 흘러내린다.

- 2012년 1월 28일

6부
백두대간 가는 길

백두대간 가는 길

그대는 걸어 보았는가!
백두산이 지리산까지 흘러내린
백두대간 길을

'유세차 단기 4342년 3월 7일……'
지리산 천왕봉에서 시산제를 올리고
32회 1년 4개월
피와 땀과 눈물의 3대 액체 흘리며
장엄한 일출과 황혼의 석양과 노을
둥근 보름달과 보석처럼 빛나는 새벽별
야수의 울음소리 머리카락 곤두서고
봄날의 따사로운 햇살과 꽃 향기
여름날의 태양과 비바람
아름다운 꿈 속 같은 단풍길
강추위를 동반한 혹한의 눈보라를 헤치며
머나먼 국토 대동맥의 여정
고통을 즐기고 과정에 행복했네

백두대간 가는 길
민족의 영산 지리산에서 시작하여
불굴의 의지로 680km를 걸어서

더 이상 갈 수 없는 진부령에서 종주를 마쳤네

아아, 백두대간!
그대는 걸어 보았는가!
비가 오나 눈이 오나 뜨거운 태양 아래에서도
백두대간을 종주하면서
잊을 수 없는 감동과 감격의 순간을 맛보았네.

- 2010년 7월 진부령 종산제에서

백두산 산행

백두산 가는 길
심양공항에서 버스를 타고
9시간 달려 캄캄한 송강하에 도착하네
백두산 하단에 도착하여
백두대간 종주, 그 마지막 결산
역사적인 날
서파코스로 백두산 등정을 시작하네
거친 바람 안개구름 헤치고 올라가는 이른 아침
아뿔싸, 백두산 능선에 올랐건만
천지는커녕 백두산도 볼 수 없구나

낙심하는 순간,
'조금 있으면 날이 밝아져 천지를 볼 수 있다고
하늘에서 연락이 왔다'
누군가 우스개를 하고
'맞아, 일주일 전 진부령 종산제 지낼 때 백두대간의
산신령님과 백두산 신령님께 고했는데, 그 목소리가
아직 도착하지 않았나 봐. 조금 있으면 도우실 거야.'
누군가는 맞장구를 치네
희망은 가난한 자의 양식

백두산 둘레를 돌며 능선길을 오르내릴 때
간간이 바람 불어와 구름 날리고
푸른 하늘 푸른 천지가
살짝살짝 드러냈다 숨는구나

구름이 오락가락 하던 한순간
아아, 눈부신 햇살 머금은 환한 천지가
거짓말처럼 나타나네
파란 하늘에 파랗게 물든 백두산 천지(天池)
환상적인 모습에 탄성이 절로 나오네
백두 산정의 용왕담(龍王潭)
수면고도 2,257m 둘레 14.4m
평균 깊이 213.3m 최고 깊이 384m의 자연호수

민족의 영산 눈부신 천지를 바라보며 걸어가는
한 걸음 한 걸음은 경건하고 엄숙한 구도행위
'평화통일 이루어 자유로이 백두산을 오갈 수 있게 해 달라'
간절히 기원하는 종교의식이었네

북파방향으로 하산하기 전
'동해물과 백두산이……'
천지를 향해 목청껏 애국가를 불렀으나
울먹이는 목소리는 목에 걸려 나오지 않고
눈에는 눈물이 하염없이 흘러내리네
우리는 꼭 껴안고 묻지 않았으니
말하지 않아도 서로서로 알고 있었네
그때 바람이 불어와 노래하는 말

'백두산에 올랐더니
천하만사가 까마득히 저절로 잊히고
세상의 부귀공명 뜬구름 같구나
제왕과 영웅호걸의 업적이란 것도
그저 미미하기만 하네.'

— 2010년 3월 16일

압록강에서

서파로 백두산에 올라 천지 품에 노닐다가
북파로 하산하니 장백폭포 반겨주고
백두산 송어 곁들여 소주 한 잔 나눌 때
지리산 천왕봉에서부터 지나온
백두대간 대동맥이 주마등처럼 스쳐가네

버스 타고 이도백하 심양 가는 침대열차
13시간 걸려 심양역에서 다시 단동으로 3시간 반
백두산 천지에서 발원한 압록강 장백폭포 물줄기보다
비 내리는 역사의 강에 먼저 도착했네

물빛이 오리 머리색과 같아 압록수(鴨綠水)라 불리는 강
빗물로 흐려진 국경인 강 중앙을 달리며
유람선에서 신의주를 바라보네
갈 수 없는 동토의 땅 비장함이 스쳐가고
평양 아리랑축전 참가했던 5년 전 기억이 스쳐가네

미군의 폭격으로 끊어진 압록강 철교에 올라
'항미원조전쟁' 흔적이라는 다리를 걸어가네

이미 통일이 되어 자유와 번영의 길을 달려야했건만
갈매기의 꿈을 품어 길고 넓은 압록강
한반도에서 가장 긴 803km 압록강은
말없이 황해로 흘러들고
늦은 밤 흥에 취한 시인은 장진주를 노래한다

그대는 보지 못했는가
압록강의 물줄기가 하늘 저 위에서 내려와
바다로 줄달음한 뒤 다시 돌아가지 못한 걸
하늘이 나를 세상에 보냈을 때
필시 쓸모가 있겠거늘
뜻을 얻었거든 마음껏 즐기게나,
얼른 술을 대령해서 그대와 취할 거야
얼씨구절씨구, 우리 만고의 시름 녹이세.

백두에서 한라까지

창파 출렁이는 망망대해
그 가운데
우뚝 솟은 한라산

어디인가
근원을 올라가니
북녘 땅 백두산이라

아득한 신석기
일만오천 년 전
한라산과 백두산 한 줄기였네

백두산은 머리요
백두대간은 등뼈
한라산은 그 뿌리라

지리산에서 흘러내린 백두대간의 꿈
월출산 두륜산 달마산 이어
한라산으로

흰 머리 백두산
흰 사슴 한라산
천지와 백록담이 서로 만나는

가자!
백두에서 한라로
한라에서 백두로

뜨거운 심장으로
하나가 되어
힘차게 나아가자!

아! 한라산

바다 건너
삼다삼무삼보삼려의 섬
그 가운데 머리 없는 두무악(頭無岳)
한 번 구경 오십시오
일천구백오십 미터라

높이가 은하수에 닿아서
한라산(漢拏山)이라 하고
봉우리를 떼어 산방산을 만들고
움푹 파인 웅덩이에 백록이 살아
신선이 백록타고
처처에 전설을 남기네

원처럼 둥글둥글 둥글어서
원산(圓山)이요
가마솥 엎어 놓은 형상이라
부악(釜岳)이니

가마솥에 밥 지어 둥글둥글
신선처럼 살라 하는

설문대할망의 뜻이니

아아, 한라산!
참으로 신묘하구나.

비상

파란 하늘
파란 바다에

시간이 날아가고
구름이 날아가고
갈매기가 날아간다

나도 날고 싶지만
날개가 없다

누구나 날개를 갖기 원하지만
날개는 누가 달아주지 않는다
오로지 내 살을 뚫고 나올 뿐

진정한 비상은
날개를 펄럭이며 나는 게 아니라
펄떡펄떡
피 끓는 심장을 가지는 것

날자! 날자!
뜨거운 가슴으로
자유와 행복의 새로운 하늘을

길 위에서

지나간 길들
다가오는 길들이
서로 만나
악수를 한다

그래, 어서 와!
안녕, 잘 가!

지나간 날들
다시 맞을 날늘이
서로 만나
인사를 한다

그래, 어서 와!
안녕, 잘 가!

오늘도
길 위에서
축복받은
또 하루의 날이 간다.

소망

잘 살아 보자는 소망은 위대한다
지나친 욕망은 몰락으로 인도하지만
소망은 구원으로 인도한다
씨앗을 뿌리지 않고 거두기를 원하면 탐욕이지만
뿌리고 추수를 원하는 것은 소망이다
과도한 욕망의 끝에는
소망을 가장한 절망이 기다리고 있지만
소망의 끝에는
절망을 가장한 희망이 있다
흙탕물에 살면서도 물을 정화시키고 꽃 피우는 연꽃처럼
소망은 험한 세상 고난과 역경 속에서도
빛으로 인도하며 자유의 꽃을 피운다
소망은 가난한 자의 양식
사는 날 동안
잘 살아 보자는 소망을
소망하고 또 소망해야 한다.

저녁바다

잔잔한 바다 위에
벌겋게 내려앉은 저녁 빛
바다는 겸손하게
심장 깊숙이 수혈을 한다

붉은 열기 가득한 저녁노을
갈매기 날아올라 유영을 하고
가난한 나그네의 마음에
평화와 안식으로 물들인다

잔잔한 저녁바다
별이 되어 반짝이는
어머니의 사랑처럼
나그네 심사를 안고
일렁일렁 일렁인다.

가자!

가자!
산으로 바다로 들판으로
가자!
나들이를 떠날 수 있는
그 기쁨을 누릴 자
얼마나 있는가

인생은 누리는 자의 것
오늘도 허무의 하늘 아래
떠도는 유성이 되어
새로운 길을 그리워한다

가자!
가는 길이 길이요
가지 않는 길은
황무지라.

7부
나비야 청산 가자

나비야 청산 가자

'마라도에서 걸어서 네 부대에 면회 갈게.'
휴가 나온 아들에게 하는 말
다음 날 마라도 자장면 집 기둥 상단에
한 글자 한 글자 힘주어 적었으니
'김명돌, 마라도에서 통일전망대까지 걸어서 가다!'
대한민국 최남단 마라도에서 790km를 걸어서
통일전망대 가는 길은 그렇게 시작됐다

제주도를 걸어서 제주항에서 배를 타고
완도에서 보길도, 해남 땅끝마을에서 대각선으로
강진 장흥 보성 곡성 남원 장수 무주에서
전라도를 지나서
충청도 영동 보은 괴산 충주를 지나서
강원도 원주 회성 홍천 인제 원통에서
서화면 천도리로 가서
놀라는 아들과의 약속을 지켰다
진부령을 넘어 간성 화진포 최북단 대진항을 지나서
폭설이 내린 통일전망대 가는 길
허락된 군인의 에스코트를 받으며 민간인을 통제하는
설국의 민통선을 걸어서
드디어 통일전망대에서 감격적인 순간을 만끽했다

청산으로 가는 길에서 시작한 도보여행
지경을 넓혀서 국토종주로 이어지니
청산은 걸음마다 도처에 있음이라
진시황제는 불사약 불로초를 구하고
부활을 기대한 파라오는 미라를 만들었지만
대한민국 국토종단 나 홀로 도보여행
나그네는 육필로 길 위에 자취를 남기네
고행의 길 성찰의 길
자유의 길 편력의 길을 걸어가며
나그네는 노래했네

나비야 청산 가자 범나비야 너도 가자
가다가 날 저물면 꽃 속에서 자고 가자
꽃에서 푸대접커든 잎에서라도 자고 가자

- 2010년 2월 말

통일전망대에 서서

눈을 들어 북녘하늘을 바라본다
하얗게 눈으로 덮인 산하가 보인다
출렁이는 파도 위로 갈매기 나는 해금강이 보인다
금강산 일만이천 봉이, 백두산이, 묘향산이
압록강이, 두만강이 보인다

헐벗고 굶주린 동포들이 보이고
서슬 퍼런 이리와 늑대들이 보인다
참혹한 현실 앞에 갈 길 없어
더욱 애타고 안타깝다

다시 눈을 들어 남녘하늘을 바라본다
땅끝전망대가 보이고
땅 끝, 바다의 시작이 보인다
바다건너 마라도가 보인다
피안의 땅, 복락의 섬, 이상향 이어도가 보인다

이어도와 마라도를 건너 땅끝전망대에 서서
저 멀리 통일전망대를 바라본다
한 걸음 한 걸음 백만 걸음을 걸어
해발 70m 통일전망대에 서서
저 멀리 땅끝전망대를 바라본다

마라도와 이어도를 바라본다.

끝은 시작으로 이어지고
시작은 끝으로 이어졌다
시작은 끝이었고
끝은 곧 시작이었다

땅 끝에서의 첫 걸음이
통일전망대에서의 마지막 걸음이
감격으로 서로 만나 울부짖으며
이제 미완의 국토종주를 마친다

다시 통일전망대에서
이어도를 지나 저 먼 바다로 나아가고
땅끝전망대에서 통일전망대를 지나
저 만주대륙너머로 나아가는
환희에 찬 그날의 유랑을 염원하며
이제 외로운 나그네의
발걸음을 멈춘다.

- 2010년 3월 25일
마라도에서 땅끝, 통일전망때까지 국토종주 후에

화진포의 아침

물 따라 하늘 따라 떠도는 이 몸
명사십리 화진포 백사장을 걸어간다
하얀 모래에 앉은 하얀 갈매기
나그네 인기척에
모래는 모래로 갈매기는 하늘로 날아간다
출렁이는 파도
햇살에 반짝이며 아득하게 펼쳐진 수평선
아, 이 신선한 바닷가의 아침 공기
하루의 원천인 여명이 깃든 이 공기를
병에 담아서
삭막한 도시인들에게 전해줄 수만 있다면
분명 세상은 밝고 맑아질 텐데

파란 물결 위에 펼쳐진 파란 하늘
갈매기들이 평화롭게 날아가고
아침의 여행자는 모래 위에
발자국을 남긴다
볼 수 있는 자에게만 허락하기에
찾아가서 만날 수밖에 없는 화진포의 아침
기쁨! 감사! 행복!⋯⋯
출렁이는 파도처럼 밀려온다.

부모가 쏘아 올린 활

원통으로 가는 길
'걸어서 네 부대로 갈게'
그렇게 길 떠난 국토종주
쌀쌀한 바람결에 코끝이 상큼하다
'아들아, 기다려라!
아버지가 가까이 왔다'
뜨거운 가슴으로
38선 비석과 소양강을 지나고
'인제 가면 언제 오나
원통해서 못살겠다'는 원통을 지나간다
고개 너머 천도리 군부대를 찾아가니
건강하고 씩씩한 아들이 다가온다.
'다른 사람이라면 몰라도 아버지는 꼭 오실 줄 알았어요!'
먼 길 걸어온 나그네
인생의 첫 아들 껴안고 감회에 젖는다
토종닭백숙 먹고 숙소에서 하는 대화,
'뭐 먹고 싶니?'
'치킨 먹고 싶어요.'
'아니, 닭백숙 금방 먹고 또 치킨?'
'예!'

하며 맑게 웃는 아들
원통의 밤은 결코 원통하지 않았으니
아니, 너무나 행복한 밤이었다
평화롭게 잠든 얼굴 위로
보고 싶은 부모형제
얼굴이 스쳐간다
아버지와 아들로 만난 소중한 인연
사랑이 인연이면 미움도 인연
내 가족의 눈물도 못 닦아 주면서
세상 누구의 눈물을 닦아줄 것인가

목욕탕에서 등 밀어주고 순대국 먹고
진부령 넘어가는 이별의 시간
울컥하는 가슴으로 아들을 껴안고는
매몰차게 돌아서서 가야할 길 걸어간다
가다가 돌아보니
뒷모습 바라보는 아들
손 흔들고 다시 길을 가다가
돌아보니 여전히 바라보는 아들
다시 손 흔들고 길을 간다
다시 한참을 가다가 돌아보니

그때서야 제 갈 길을 가고 있는
아들의 뒷모습
'아들아, 내 아들로 태어나서 고맙다!'
'아들아, 군 생활 건강하게 잘 해라!'
눈가에 이슬이 맺힌다
자식은 부모가 쏘아 올린 활이라던가
누구보다 강인한 눈물의 활로 쏘아 올린
내 어머니의 활
맹귀우목의 확률보다 더한 소중한 혈연.

돌

저 홀로 빛나는 태양처럼
홀로 뒹구는 길 위의 돌
얼마나 행복할까

부귀영화 아랑곳없고
내일 일 염려 없으니
자유롭고 평화롭네

비바람 눈보라 몰아쳐도
묵묵히 자신을 내맡기며
푸른 하늘 기다리는

소박하고 수수한 길 위의 돌

밤이면 달과 별을 벗 삼아
먼 추억을 회상하며
사랑과 이별을 노래하네.

그 마음

극락이나 천국이 어디 따로 있나
거친 밥 먹고
허접한 누더기 걸치고
하늘을 이불로 땅을 깔개로
산을 베개로 뒹굴더라도
자유롭고 평화로우면
그 마음이 극락이고 천국이지

그런데
그 마음은 어디로 갔나
머리에는 있는데
아무리 헤매고 다녀도
도무지 찾을 길 없네.

나 홀로 방랑은

나 홀로 방랑은
스스로를 가장 외롭게 버리는 시간
버려진 외로움 속에
자아를 만나고
함께 있으면서도 잊고 지내던
하늘과 구름과 산과 들
소중한 존재들을 깨닫는다
나 홀로 방랑은
굴레에서 벗어난 자유인이 되는 것
시간과 공간으로 인쇄된
신선한 책장을 넘기며
순간순간 살아 있음을 즐긴다.

순간

시간은
순간으로 시작하고
공간은
눈빛으로 시작한다

인간은
시간과 공간의 여백에
한 발자국 한 발자국
길을 남긴다

순간은
언제나 새로운 세상
충실해야 할
삶의 무대

여명은
희망의 길목에서
느릿느릿
하루 만에 밝아 오고

보름달은
윙크 한 번 하는데
새색시 걸음마냥
한 달이 걸린다

순간은
영원으로 가는
길목
필멸과 불멸의 교차점.

후회

해질 무렵 능선에 서서
지나온 골짜기와 비탈길을 내려다본다
이때 지금은 전설처럼 멀어져간
청춘의 초상이 묻는다
'지나온 길 후회하지 않느냐?' 고

나는 대답한다
'번민도 좌절도 많았지만
나는 나의 길을 성실히 걸어왔기에
결코 후회하지 않는다' 고

그리고 다시 말을 잇는다
'하지만 이제 다시는
그 길을 걷고 싶지 않다' 고.

계영배

속이 비면 이리저리 기울고
가득 차면 엎질러지는
적당하게 채워야만
중심을 잡고 서 있는

어떻게 마음을 잡고
욕망을 간수해야 하는지
천하 성군의
전설적인 유좌지기

지나침은 미치지 못함 같아
칠 부 이상 채우면 모두 흘러내리는
가득 채움을 경계하는
타락한 도공의 계영배

헛되고 헛되니 헛되고 헛된
허무를 가득 담은 절주배로
일배일배부일배
끝없는 자신의 욕망을 마신다.

웃으리라

풀리지 않는 문제 앞에서
슬퍼하지 말고
인내를 가져라

오히려 문제를 사랑하라
기다리고 기다리면
알 수 없는 미래가
삶의 해답을 가져다 줄 것이니
자주 그리고 많이 웃어라

내가 한때 이 세상을
다녀감으로 해서
단 한 사람의 눈물이라도 닦아 주고
애타는 가슴 하나 달랠 수 있다면
누군가의 고통을
조금이라도 덜어 줄 수 있는 한
나의 삶은 결코 헛되지 않으리라

그날은 지나갔다
꽃은 시들고

감미로움도 사라져 버리고
빛은 어둠으로 변했다
이제 신은 나를 잠들게 하리라
그러면 살아온 날 회상하며
웃으리라.

여행

여행은 찰나
관찰이 흐르고
성찰이 흘러
통찰로 간다

여행은 찰나
성찰이 흐르고
관찰이 흘러
통찰로 간다

여행은
관찰
성찰
통찰이

찰
찰
찰
흘러내린다

하늘을 바라보며

하늘을 바라보며
오늘도 길을 간다
뿌리는 땅을 향하고
줄기는 하늘을 향하는 나무처럼
발은 대지를 걸어가고
머리는 하늘을 바라본다

좀더 높이 올라가봤자
좀더 많이 가져봤자
좀더 명예로워봤자
그게 뭐 그리 대난한가
좋은 친구와 너털웃음 나누는
막걸리 한 잔만도 못한 것을

하늘을 바라보며 걸어간다
시원한 바람이 불어오고
흰 구름 두둥실 흘러가고
붕새가 훨훨 날아가는
하늘을 바라보며 걸어간다.

산과 바다

나처럼 완벽하게 불쌍한 새끼도 없었다
힘이 없기에
내 마음의 길을 갈 수 있는 힘이 없기에
불면의 밤 탄식하고 슬퍼했다

이렇게 살아야 하는가
이렇게 살 수 밖에 없는가
이렇게 살다가 가야 한다니
참으로 허무한 인생이구나

위로를 받기 위해 산길을 걸었다
산은 말했다
'모든 눈물을 여기에서 땀으로 쏟아내!' 라고
산바람은 말했다
'모든 한숨을 날려버려!' 라고
위로를 받기 위해 바닷가를 걸었다
바다는 말했다
'모든 번민을 여기에서 씻어내!' 라고
바닷바람은 말했다.
'모든 근심을 날려버려!' 라고

산은 내게 가르침을 주었다
고진감래!
바다는 내게 깨달음을 주었다
해불양수!
그때 나는 비로소 내가 되었다.

걸으면서

걸으면서
나는 생각한다
나는 누구인지
어디서 어디로 가야 하는지

걸으면서
나는 감사한다
빈 몸으로 태어나서
가진 것들을 헤아려보면서

걸으면서
나는 꿈을 꾼다
아직 남은 인생에
해야 할 일들을 헤아려보면서

걸으면서
나는 기도한다
우주의 중심인 나로부터
소중한 이들과
살아 있는 모든 것들
존재하는 모든 것들에게
자유와 행복이 깃들기를

8부

청산으로 가는 길

청산(青山)으로 가는 길 · 1

태어나는 순간 시작하는
시간의 길
태어나는 순간 주어지는
공간의 길
태어나는 순간 가야 하는
인간의 길
종횡하는 세 간(間)의 길 끝에는
청산이 있으니

청산은 시작이고 마지막
청산은 삶이고 죽음
청산은 고향이고 어머니

청산으로 가는 길은
나그네 인생길
청산으로 가는 길은
고향으로 가는 길
청산으로 가는 길은
흙으로 돌아가는 길
청산으로 가는 길은
어머니의 품으로 가는 길

쓰인 과거의 책을 읽으면서
써야 할 미래의 책을 바라보며
현재의 책을 쓰면서 걸어가는
나의 길은 오늘도
청산으로 가는 길

청산(靑山)으로 가는 길 · 2

2007년 새해벽두에 색다른 도전을 시도했네
용인의 세무법인청산에서 안동의 고향집 청산까지 걸어가는
260km 9일간의 도보여행이라네
'살아있는 것은 다 행복하라'
법정스님 잠언집 챙겨 넣고 스쳐가는 인연들의 행복을 기원했네

용인 이천 여주 음성 충주를 걸어가는 나흘간은 맑고 포근했고
문경새재 넘어가는 날
축복의 폭설과 강풍이 몰아쳤네
'바람의 소리' 들려오는 조령관문 주막에서
주인장과 막걸리 한잔 나누니 천국이 따로 있나
문경새재가 눈 덮인 극락이네

동장군 쳐들어와도 어사화 꽂은 영남선비를
어찌 이길 손가
경상도 말을 처음 듣는 문경 예천 지날 때 벗들이 반기고
하회마을 밤하늘에 용인의 벗들 웃음소리 들려오네

고교 교정에서 후배들 환호 받고 한티재 너머
노인한방병원에서 두 손 모아 어머니 쾌유를 비네

청산으로 가는 길
백주년 함성 들리는 초등학교를 지나서
한 걸음 한 걸음 추억이 물든 청산이 다가오고
정겨운 아우가족 춤추며 반길 때
청산 하늘에 청산별곡이 울려 퍼지네

살어리 살어리랏다 청산에 살어리랏다
머루랑 달래랑 먹고 청산에 살어리랏다.

청산은 나를 보고

열아홉 어느 날
장터의 정든 시절 뒤로 하고 리어카에 가득 눈물을 담아
청산 비탈진 초입 외딴 벽돌집 지어 이사 왔네
겨울이면 날아갈듯 북풍한설 몰아치고
밤이면 공동묘지에 도깨비불 날릴 때
곳집에는 덜컹덜컹 귀신 드나드는 섬뜩한 소리

청산에 올라 능선길 따라 걸어가면
한쪽은 절벽이요 또 한쪽은 푸른 숲이라
양쪽 아래 미천(眉川)이 휘감아 흐르고
끝에는 전설의 마당바위가 있으니
새해 첫날에 떠오르는 태양을 향해
정월 대보름이면 보름달을 향해
흰머리 잔주름의 어머니들 빌고 또 빌었네

청산 끝에는 미천이 수태극을 이루고
스무 살 한 해 동안 과수원집 두 아들 글공부 가르치려
매일처럼 청산을 걷고 또 걸었네
홀로 걷는 외로운 길
물끄러미 하늘을 바라보고 때로는 절벽에 앉아

꿈 많은 조나단과 초인(超人)을 만나면서
어느 덧 청산은 애틋한 친구가 되었네

많이 울었네 참 많이 울었네
세상을 향해 고함치고 하늘을 보고 절규했네
어느 날 날개 잃은 상처뿐인 조나단이
절벽 아래에서 걸어 올라와 이렇게 위로했네
'나는 초인(超人)이다!'

그 순간 다짐하고 결심했네
높이 나는 새가 멀리 보듯 새로운 하늘 새로운 땅을 찾아
높이 멀리 빠르게 자유로이 날기로
외롭고 힘들었던 그 시절 조나단과 초인은
젊은 날의 우상이 되었네

청산으로 온지 30년이 지난 마흔아홉 살 추석,
마당바위에서 돌아오며 감회에 젖네
서쪽하늘 석양과 노을이 한 폭의 그림 같고
지난 날 추억들이 주마등처럼 스쳐가네
어둠이 서서히 밀려오고

달빛과 별빛이 청산의 밤하늘을 수놓을 때
나무들과 풀잎, 산짐승과 벌레들 사이로
솔바람 살며시 노래 부르며 지나가네

청산은 나를 보고 말없이 살라 하고
창공은 나를 보고 티 없이 살라 하네
탐욕도 벗어 놓고 성냄도 벗어 놓고
물같이 바람같이 살다가 가라 하네

어머니

깊어가는 가을
어머니, 감사합니다 고맙습니다
어머니는 낳으시고 길러주셨습니다
눈물과 한숨 속에서도 한없는 사랑으로
감싸안으셨습니다
어머니는 아낌없이 주는 나무이셨습니다
어머니는 이 세상에서 가장 위대한 분이셨습니다
어머니는 열심히 살아야 할 이유였습니다
어머니는 이 험한 세상을 개척해가는
힘의 원천이었습니다
어머니는 추억이고 그리움이었습니다
부르트고 꺼칠꺼칠한 손으로 등을 긁어주시면
너무너무 시원했습니다
어머니,
아직도 선명하게 기억합니다
어머니와 껴안고 수없이 울었던 그때를 말입니다
그때마다 저는 청산에 올라가
하늘을 보고 부르짖고 절규했습니다
어떻게 살아야 하는지 앞날이 너무나 막막했습니다
대구시 공무원에 합격했을 때
어머니는 너무너무 좋아하셨습니다

첫 월급 받고 시골부엌에서 어머니께 전하던
생각이 납니다.
세무공무원으로 안동세무서에 왔을 때 또한
어머니는 좋아하셨습니다
대구로 발령받아 이불보따리 들고 시골 버스정류장에서
어머니와 헤어지던 그때 일도 엊그제 같습니다
저를 보내시고
"이제 멍돌이는 품안에서 아주 떠났구나!"
하시며 집에 가서 그렇게 많이 우셨다지요
저는 어머니의 곁을 떠나 살면서 한시도 어머니를
잊어본 적이 없습니다
어머니를 생각하며 수없는 밤을 눈물로 보냈습니다
둘째 아들 진세가 중학교 때
결혼하면 자식을 많이 낳겠다고 해서
이유를 물었습니다
'그럼 그 중에서 아빠 같은 효자가 하나는 있겠지요.'
어머니!
비록 몸은 불편하시지만 오래오래 살아 계세요
어머니는 제가 열심히 살아야 할 이유이기 때문입니다
어머니는 이 험한 세상을 살아가는데 힘의 원천이기
때문입니다

결혼 초 어머니를 안고 얼굴을 비비고 뽀뽀한다고
아내가 많이 놀렸습니다
어머니는 제가 하는 모든 것에 대하여 기뻐하고
흐뭇해 하셨습니다
어머니가 그렇게 이야기하실 때면 아내는 웃으면서
질투(?)하곤 했답니다
어머니가 계시는 청산의 시골집을 보면
가슴 저 깊은 곳에서 흐뭇한 마음입니다
북풍한설 몰아치던 옛집을 허물고 하얀 새집을 지어
어머니와 막내 가족이 살고 있기 때문입니다
시골에 갈 때면
'어머니 모시고 여기 와서 살아볼까' 하다가도
그럴 수 없는 현실에 웃고 맙니다
동네에서 '가장 가난한 돌네집'이
동네에서 '가장 부러워하는 돌네집'이 되었습니다
'동네에서 가장 고생 많이 한 여인'이
'동네에서 가장 부러워하는 할머니'가 되었습니다
어머니!
청산의 밭에 있는 조부모 산소 옆에는 부모님,
그리고 우리 형제들의 무덤 자리가 있지요
어느 날엔가 어머니가 돌아가시고 저 또한 어머니

곁에 묻혀
그때는 어머니 곁을 지키겠습니다
청산에서 백골이 썩어 없어지면 흙이 되어서라도
어머니 곁을 떠나지 않겠습니다
어머니와의 이승에서의 만남
너무나 감사합니다
남은 생애 함께 행복하게 살다가
못다 한 성은 다음 생애에 만나 다시 누리도록 하시지요
어머니!
갑자기 눈물이 흘러내립니다
큰 절 올리며 이제 어머니께 드리는
청산으로 가는 길
사모곡을 마치겠습니다.

귀거래사

세상은 넓고 먼 곳
구름처럼 바람처럼
철새처럼 떠돌아 간다

고향은 태어난 곳
죽음을 앞두고
마지막으로 돌아가는 곳

고향의 흙은
아아, 나의 살 나의 피,
나의 뼈 나의 얼이로구나

어머니에게서 태어나와
어머니의 품에서 자라
어머니에게로 돌아가는 곳

수구초심의 심정으로 쓴
나의 귀거래사
디아스포라의 집요한 사색

잡채

외식 하는 날
식탁에 잡채가 올라오면
"잡채 먼저 드세요 엄마 생각하면서."
잡채를 집으면서 하는 아내의 레퍼토리
"잡채 볼 때마다 고맙지? 멋진 나를 낳아주셔서!"
웃으면서 대답하는 그니
"그러면 우리 엄마는요?"
……
살아 생전 엄마가 제일 좋아하시던 잡채
잡채를 볼 때마다
엄마가 그리워진다.

기일(忌日)

장터의 돌네엄마
칼바람 부는 돌고개
청산(靑山)으로 이사 오니

돌네엄마 따라 우연히
음메! 우시장도 옮겨 오네
막걸리 국밥 장사 이십팔 년 세월
장터에서 청산에서 호구지책이었네

다섯 아들 죽지 말라 모두모두
돌이라 이름 지은 돌네엄마
동네에서 가장 가난하고
슬프고 한 많았던 돌네엄마

여든셋 흰 머리에 흙으로 돌아가니
동네사람들 말했네
젊은 날
가장 힘들었던 돌네엄마
늙어서 가장 행복했다고

기일(忌日)에 모여 앉은 존재의 흔적들이

추억에 젖어 노래하네
엄마의 눈물이 청산을 적셔
푸르게 하였노라고

재회

어디에 계실까
어디에서 만날까
이리저리 배회하는 길
멀리서 방황하는
아들의 마음 아시고
오셨네, 오셨네. 찾아오셨네
오, 어머니가 미리 알고 오셨네

오랜만에 마주 앉아
아들을 보고
아아, 어머니가 웃으시네
반가운 미소로 웃어주시네
그렇지,
아들이 이렇게 좋은데
어머니는 얼마나 좋으실까

예나 지금이나
'왜 그리 힘들게 걸어 다니는가?' 라며
배낭 메고 다니는 아들이
안타까우면서 자랑스러운
나의 어머니

그리움의 눈물이 강물처럼 흘러갈 때
잠에서 깨어난 서러운 나그네.

꿈길

어머니!
어머니를 껴안네
어머니가 꼭 껴안네

두 팔로
허공 휘저으며
꿈길에서 꿈을 꾸네

어느 순간
눈가에
눈물이 흘러내리네

아아, 어머니!
가지마세요
하지만 꿈길 따라 가버리셨네

또다시 눈을 감고
어머니를 기다리네
꿈길 따라 오시라고

나의 철든 날

꺼칠꺼칠 거친 손으로 쉬지 않고 일하시는 우리 엄마는
그래도 되는 줄 알았습니다
진종일 땡볕 내리는 밭에서 죽어라 일해도 우리 엄마는
그래도 되는 줄 알았습니다
부뚜막에 홀로 앉아 찬밥으로 끼니 때우는 우리 엄마는
그래도 되는 줄 알았습니다
한겨울 냇물에 맨손으로 빨래하는 우리 엄마는
그래도 되는 줄 알았습니다
어쩌다 맛있는 음식 있어도 '나는 배부르다!' 하시며
아들들 먹이고 굶으시는 우리 엄마는
그래도 되는 줄 알았습니다
장날 저녁이면 빚쟁이들에게 통사정하는 우리 엄마는
그래도 되는 줄 알았습니다

어느 날
육성회비 달라고 조르는 아들을 달래며 눈물 흘리시는
우리 엄마
아버지의 술주정에 매 맞으며 슬피 우는 우리 엄마
한밤중 한없이 소리 죽여 우는 우리 엄마를 보며

아아!
나는 비로소 알았습니다
우리 엄마는 그러면 안 되는 줄 알았습니다
그리고 그때 나는 철이 들었습니다.

나의 어머니

세상의 모든 어머니가
죽음의 길을 가듯
나의 어머니도
다시는 못 올 먼 길을 갔다

어머니를 잃은 자식들이
모두 슬퍼 울듯이
나 또한 목놓아
절규하듯 울었다

생전의 어머니는 말씀하셨다
"이제는 공부 그만 하고 애들 하고 재미있게 놀아라!"
라고
"예!"라고 대답했지만
하얀 거짓말이었다

사랑하는 어머니를
기쁘게 해드리기 위해
공부하고 또 공부했다

내 어머니는
눈물 많은 천사
나는
눈물 많은 애기 천사

어머니와 나
우리는 둘 다 울보 천사였다

내 인생의 팔 할은
어머니의 눈물이 만들었으니
어머니가 세상을 떠났을 때
나는 소쩍새처럼 슬피 울었다.

위대한 스승

위대한 아들에게는 위대한 어머니가 있다
위대한 어머니란
항상 자식을 사랑하고 믿어주는 고마운 어머니
그 이상도 이하도 아니다

율곡의 어머니는 태임을 생각하는 유복한
신사임당이지만
퇴계의 어머니는 이름 없는 가난한 촌부 춘천 박씨였다
돌아가신 어머니를 향해
"나에게 가장 많은 영향을 끼친 사람은 나의 어머니"
라고 이야기한 퇴계처럼
"내 인생의 위대한 스승은 나의 어머니"
라고 나는 노래한다

고향을 생각하면 절로 떠오르는 어머니
밤하늘의 별을 보다가 생각나면
절로 눈물이 흘러내리는 어머니
세상의 모든 슬픔
관에 넣어 가신 어머니
비 오는 날이면 빗줄기를 타고 내려오는 어머니

천상이든 지하이든 언제라도 부르면
급하게 달려오시는 어머니
그저 생각날 때마다 부르고 싶은 어머니
나는 죽는 날까지
아니 죽어서도
영원히 어머니의 아들이고 싶다.

고향은

고향은
어머니의 집
아침에 나갔다가 저녁에 돌아오는
안식처
'나 돌아가리라' 하는
희망의 샘
세상의 바다를 떠다니다가
다시 돌아가 쉴 수 있는
추억의 땅
인생의 그림자가 점점 길어지는 황혼 무렵
세계의 한 끝에서 다른 끝까지 다니다가 돌아갈
안락의 보금자리
고향은
맨 마지막을 맨 처음과 맺는
인생의 아침이고 저녁

나는 나그네

120세의 나이가
내 인생에 24시간이라면

지금 내 시간은
정오 조금 넘은 12시 30분

아아, 태양이 중천에 떠 있는
정열의 시간
이 뜨거운 심장을 어이하랴!

인생 후반전
나는 어디로 가야 하나

속도보다는 방향
성공과 의미보다는 보람과 재미

11시간 30분 남은
내 인생의 시간

나는 시간의 부자
즐거운 인생길

선행학습으로
길에서 길을 찾아서

인생길을 걸어가는
나는 나그네.

아름다운 축복

돌아보면 모든 게 축복
내게 오는 건 모두가 축복
뼈저리게 가난하고 외로웠던 시절도
까맣게 지새우며 잠 못 이루던 시절도
캄캄한 동굴에 갇혀 절망감 속에 방황하던 시절도
청산의 절벽에서 초인(超人)을 숭배하던 시절도
모두가 가슴에 꿈을 품게 하는 축복

축복 아닌 것이 없으니
눈물도 시련도 고통도 번민도
모두가 내 뼈와 근육을 튼튼하게 하고
내 정신을 건강하게 하고
내 영혼을 순수하게 씻겨내고 담금질하는
아름다운 축복
이 세상에 사람으로 태어나 즐겁게 살아야지
주어진 기쁨을 즐기지 않는 것은 죄악이라
꿈은 모두 이루는 자의 꿈이네.

일신우일신 · 1

진실로 새로워지기 위해서는
날마다 새로워야 하고
또 나날이 새로워져야 한다
퇴보가 아닌 진보를
향하가 아닌 향상을 해야 한다

새로운 아침
새로운 하루의 초대장을 받은 나그네가
새로운 길을 가며 노래한다
날마다 자신을 새롭게 할지니
날이면 날마다 새롭게 하고
영원히 새롭게 하라.

일신우일신 · 2

생명(生命)은
생(生)은 명령(命令)
삶은 선택이 아닌 사명

삶 자체는 선택이 아니지만
순간순간의 삶은 선택
동굴의 안락지대에서 살 것인가
도전의 불편지대에 살 것인가
B와 D 사이의 끝없는
C의 결과가 오늘

안락지대에서 탈출하여
불편지대를 방랑하는
은나라 탕왕을 그리워하는
외로운 나그네의 좌우명
일신우일신

◆ 해설

길을 걷는 시인 김명돌,
그의 시를 걸으며

정연수
(시인·문학박사)

　길은 인생의 여정을 나타내는 상징적인 개념으로, 우리의 선택과 성장, 그리고 꿈을 이루기 위한 노력의 과정을 반영한다. 루쉰은 「고향」이란 소설에서 "희망이란 있다고도, 없다고도 할 수 없다. 그것은 마치 땅 위에 뻗어 있는 길과 같은 것이다. 본래 땅 위에는 길이 없었다. 걸어가는 사람이 많아지면 그게 곧 길이 되는 것이다."라고 했다. 존재하지 않는 것을 만들어 가는 발걸음에는 가치가 있다. 길을 걷는 이는 희망의 존재이다. 김명돌 시인은 "길 밖에서 길을 보면/길 아닌 길이 없다"(「길」)라거나, "가자/가는 길이 길이요/가지 않는 길은/황무지라"(「가자!」) 라고 했다. 인생의 본질은 새로운 길, 가능성의 길을 찾아 나서는 데 있다. 길이 없더라도 새로운 길을 만들어 가는 개척의 주체는 '걷는 사람'이다.
　소설가 마르케스는 "인간이란 존재는 어머니가 낳

은 그날 한번 태어나는 것이 아니라, 삶이 인간에게 계속해서 스스로를 낳도록 임무를 지운다"고 했다. 삶은 우리에게 성장을 위한 지속적인 변화와 재탄생을 요구한다. 길은 우리가 방향성을 잃지 않고 나아가도록 제시하기도 하지만, 없는 길을 개척하는 선구자적 혜안을 요구하기도 한다. "길이 없다 하여도 계속 앞으로 나아가면 스스로 길을 만들 수 있을 것"이라고 믿은 체 게바라에게 길은 신념이며, 신념의 실현 과정이었다. 김명돌 시인에게 길은 탐색이며, 삶의 성장이며, 영적 지혜의 완성을 향한 여정이다.

다양한 풍경과 소통하며 서로 연결된 길들은, 우리가 만나는 모든 것과 조화를 이루도록 돕는다. 김명돌 시인은 시집을 8부로 구성하면서 모두 길로 배치했다. 1부 서해랑길, 2부 남파랑길, 3부 산티아고 길, 4부 해파랑길, 5부 강 따라 길, 6부 백두대간 길, 7부 나비야 청산가자, 8부 청산 가는 길에 이르기까지 '길을 기획한 시집'이다. 길에 대한, 길을 걷는 이에 대한 헌시인 셈이다. 문학은 머리가 아니라 발로 하는 것이라던 작가, 논문은 발로 쓰는 것이라던 학자, 시는 온몸으로 쓰는 것이라던 시인의 글을 읽은 적이 있다. 이번에는 발로 시를 쓴 시집을 마주하고 있다. 김명돌 시인이 열어가는 길을 함께 걸어보자.

마흔아홉 살의 새해벽두에 위대한 여정을 시작했다
기분 좋은 설렘과
할 수 있을까 하는 약간의 두려움을 안고
청산으로 가는 길,
회사가 있는 용인에서 고향 안동으로 걸어갔다
과거 급제한 옛 선비가 금의환향하듯
한겨울의 눈보라를 즐기며 문경새재를 넘어서 갔다
8박 9일간의 나 홀로 걷기 여행은
고향을 찾아가고 뿌리를 찾아가는
어머니를 찾아가고 나를 찾아가는
생애 최고의 낭만 여행이었다
그리고 이듬해는
죽령고개를 넘어 고향에서 용인으로 걸어왔다

그렇게 시작된 장거리 도보여행은
국토 최남단 마라도에서 해남 땅끝마을을 거쳐
고성 통일전망대까지 국토종주로 이어지고
나아가 백두대간, 지리산둘레길, 해파랑길,
제주올레, 산티아고 순례길, 남파랑길, 서해랑길,
히말라야, 로키, 알프스, 킬리만자로, 밀 포드,
차마고도 등
국내외를 수 없이 떠돌아다니게 했다

마치 미켈란젤로가 대리석을 조각해
위대한 피에타를 탄생시키듯
가장 나다운 최고의 나는 어떤 모습일까
생각하고 그려보면서
흰 구름 먹구름 벗 삼아
정처 없이 낯선 길을 홀로 걷는

소요유를 즐겼다.

걷기의 낭만이 절정에 이를 때면
꿈을 꾸는 나가 나인가
꿈속의 나비가 나인가
깨어서도 꿈에서도 길 위에 있었다
나는 지금도 떠나고 싶다
'이 세상 밖이라면 어디로라도 어디로라도'
가고 싶어 했던 보들레르처럼
나는 지금도 떠나고 싶다
발길 닿는 대로
어디로라도, 어디로라도!
-「나는 지금도 떠나고 싶다!」 부분

 49세에 시작한 걷기 여행은 자아 발견의 여정이자, 정신적 성장의 과정이었다는 것을 고백하고 있다. 미켈란젤로의 피에타 예술작품이거나, 장자의 호접몽 철학이거나, 보들레르의 문학적 삶에 다가가는 여행이었다. 걷기란, '가장 나다운 최고의 나'를 찾아가는 내면의 탐구와 자유에 대한 갈망이기에 가능했다. 또다른 시 "부산 오륙도 해맞이공원에서 시작하여 고성 통일전망대까지/해랑 바다랑 벗하는 아름다운 동해안/해파랑길 770km/2014년 8월의 무더운 여름 25일간에 걸쳐/나 홀로 걸었네"(「두 발로 걸어가는 대한민국 한 바퀴」)에 이르면 최남단에서 최북단까지 걷는 과정이 드러난다. 여기서 국토와 역사를 재발견하는 과정, 걷기를 통한 자아실현,

한국 현대사가 보여주는 분단 현실, 여정의 정보를 구체적으로 밝힌 기록문학적 가치까지 확보한다.

"나그네 할 일은 길을 가는 것/하늘과 바다/산과 들을 바라보면서/터벅터벅 낯선 길을 걸어가는 것/그러다 돌아보면/길 위에 풍성한 수확이 널려 있다"(「수확」)는 시구에서처럼 걷는 길에서 수확이 이뤄진다. 걷는 사람을 '나그네처럼 걸어가는 사람'으로 상정하면서도, "길 위에 풍성한 수확"을 획득한다. 길을 걷는 과정이 곧 내적 성장의 과정이기에 가능한 것이다. "걸어가리라/끝없는 저 광활한 들판을/펼쳐진 세상 자유롭고 평화롭게/발길 닿는 곳이면 가고 또 가리라"(「걸어가리라」)는 선언은 삶을 여정으로 바라보는 시인의 철학적 태도를 담고 있다. 걷는 행위는 단순한 육체적 움직임을 넘어서 삶의 본질적인 방식으로 그려신다. "광활한 들판"은 인생의 무한한 가능성과 기회를 상징한다. 이는 시인이 마주한 세상의 넓음과 그 안에서 느끼는 자유로움을 동시에 나타낸다.

> 쓸쓸한 겨울바다에 바람이 불어오고/파도에 밀려/멀리 섬 하나가 걸어온다//이천 년 전/예수가 갈릴리 바다 위를 걸은 것처럼/섬 하나가 남해 바다 위를 걸어온다//하얀 거품을 품은 파도를 타고/외딴섬이/나그네를 향해 걸어온다//남파랑길의 나그네가/ 섬 하나를 만나/진한 외로움을 껴안는다
>
> —「섬」 부분

자연 속에서 발견되는 외로움의 상징성과 그 외로움과의 동행을 통해 자기 발견과 내면의 성찰을 이끄는 과정을 다루고 있다. 섬은 단순한 자연물이 아니라, 나그네의 고독한 여정 속에서 동반자를 드러내는 매개물이다. 자연 속에서 느끼는 고독의 심상을 '섬'이라는 상징을 통해 구체화하고 있으며, 섬은 외로움과 고립을 상징하는 동시에, 인간 내면에 자리잡은 감정의 모습을 비추는 거울로 드러난다. 물리적으로 멀리 있는 존재 '섬'이 파도에 밀려 '걸어온다'라는 신비로운 상상력을 통해 시의 참맛을 느낀다. 인간의 내면에 서서히 다가오는 외로움이나 고독한 감정을 연상시킨다. 이천 년 전 예수가 갈릴리 바다 위를 걸었던 사건을 드러내면서 영적인 차원으로 이끈다. 남파랑길을 걷는 나그네와 섬의 만남은 단순한 자연적 만남이 아니라, 내면 깊이 자리한 고독과 마주하도록 돕는다.

스스로 택한 남파랑길 위리안치/고요가 무르익어 요요적적/외로움조차 소용없는 적멸보궁/유유자적 묵언수행/마음으로 나누는 대화는 누구도 뺏을 수 없다/남파랑길/길 위에 홀로 있는 아름다운 경험/나만이 숨을 수 있는 외로운 영혼의 섬/쓸쓸하고 쓸쓸할 때/ 숨을 수 있는 자유와 안식의 섬
  -「남파랑길」부분

눈이 내린다/도솔암 가는 길에 하얀 눈이 내린다/흰 눈을 헤치고 나아가는 것은 나그네 운명//(중략)//오욕으로 가득 찬 중생이/미륵보살의 염화미소에/지족의 복락을 누린다/눈보

라 몰아치는 도솔암 가는 길//아아/고행(苦行)이 고행(高行)이어라.
-「도솔암 가는 길」 부분

　「남파랑길」과 「도솔암 가는 길」은 육체적인 여행과 정신적인 고행을 연결하여 순례의 길로 승화한다. 「남파랑길」은 자발적 고립이 가져다주는 역설적인 자유와 평화를 그려낸다. 자신을 "자발적 유배객"이나 "남파랑길 위리안치"는 자발적 고립을 강조하며, 단순한 여행이 아닌 깊은 내면의 탐구라는 것을 드러낸다. "고요가 무르익어 요요적적"이라는 구절은 고요 속에서 찾는 평화와 자유를 일컫는다. "외로움조차 소용없는 적멸보궁"은 불교적 개념을 차용하여, 화자가 도달한 내면의 고요와 평화 상태를 묘사한다. 이는 외로움마저 초월한 깊은 명상 상태를 의미한다. "유유자적 묵언수행"과 "마음으로 나누는 대화는 누구도 뺏을 수 없다"는 구절은 이 여정을 통해 얻은 내적 자유와 평화를 보여준다.
　「도솔암 가는 길」은 불교적 사유와 자연의 경이를 결합한 작품으로, 고행을 통해 깨달음에 이르는 여정을 묘사한다. 눈 덮인 도솔암으로 향하는 길은 상징적 순례로, 자연 속에서의 경이와 고난을 통해 깨달음과 내면의 고행이 전하는 변화의 과정을 보여준다. 단순한 산행이 아니라, 욕망을 초월하는 깨달음의 여정인 것이다. 미륵보살의 염화미소를 만나는 장면은 고난을 이겨낸 자에게 주어지는 자비와 평화의 순간이다. 고통이 오히려 정신적 성장을 위한 과정임을 강조하는, "고행(苦行)이 고행(高行)이어라"라는 구절 속에 시의 주제가 함축되어 있다.

> 오, 선한 예수여!
> 나의 기도를 들어주소서
> 나는 순례자
> 산티아고 가는 길에
> 당신의 품안에 나를 숨겨주시고
> 당신의 날개로 나를 지켜주소서
> 당신과 떨어지지 않게 하시고
> 악마의 유혹에서 나를 보호하소서
> 산티아고에 이르면 나를 부르시어
> 당신의 만찬에 참석하게 허락하소서. 아멘
> –「나의 기도」 전문

이 시는 순례자의 겸손한 기도를 담고 있다. 산티아고 가는 길의 순례 속에서 신성한 만찬에 참여할 수 있기를 소망한다. "오, 선한 예수여!"라는 간절한 호소로 시작하는 기도는 순례자로서의 자기 인식이다. 자신을 완전히 맡기는 모습을 통해 순례자의 여정은 신에게 다가가는 구도의 길이 된다. 순례의 여정은 내면의 유혹과 싸워야 하는 영적 싸움이기도 하다. 영적인 여정이 마무리되었을 때 붙여 볼, 시의 끝행에 붙인 '아멘'이라는 종결어는 기도의 진정성·성찰·종교적 경건함 등을 내포하고 있다.

김명돌 시인은 자연 공간 곳곳에서 삶의 다양한

층위를 찾아낸다. 「킬리만자로 가는 길」에서는 인간이 겪는 고난과 성취를 서정적으로 담아냈다. 인간이 도전해야 할 거대한 목표이자 고독 속에서 자신의 존재를 발견할 수 있는 상징적 공간으로 "한반도에서 남서쪽 1만km" 떨어진 킬리만자로의 지리적 위치를 드러낸다. "아프리카 최고봉"이라는 수식어는 킬리만자로가 단순한 산이 아니라, 인간이 도전해야 할 위대한 목표임을 상징한다. 「헬렌 켈러의 기도」는 간절곶에서 맞이한 일출의 경이로운 순간을 통해 헬렌 켈러의 간절한 소망인 '보는 것'의 의미를 되새긴다. "영원히 암흑의 세계로 돌아가고자 했던/헬렌 켈러의 '사흘만 볼 수 있다면' 기도가 들려오는 아침"이라는 구절은, 일출의 기적이 얼마나 소중한지를 깨닫도록 안내한다.

여행은 찰나
관찰이 흐르고
성찰이 흘러
통찰로 간다

여행은 찰나
성찰이 흐르고
관찰이 흘러
통찰로 간다

여행은
관찰

성찰
통찰이

찰
찰
찰
흘러내린다

—「여행」 전문

여행이 외적인 경험에만 머무르지 않고, 내면의 성찰과 깊은 통찰로 이어지는 중요한 과정이라는 것을 시적 구조를 통해 드러낸다. 순간순간의 경험이 모여 삶의 깊은 깨달음을 얻는 관찰, 성찰, 통찰의 흐름을 찰나적 순간으로 표현하고 있다. 관찰, 성찰, 통찰의 흐름이 시적 리듬을 갖추고 있는데, 마지막 연의 "찰/찰/찰/흘러내린다"는 시의 구조는 파격적이고도 행의 분리를 통해 시각적 효과까지 잘 나타난다

"어머니에게서 태어나와/어머니의 품에서 자라/어머니에게로 돌아가는 곳"(「귀거래사」)은 생명의 시작과 끝을 의미하는 어머니의 품이자, 고향이라는 회귀의 장소이기도 하다. 또 다른 시 "끝은 시작으로 이어지고/시작은 끝으로 이어졌다/시작은 끝이었고/끝은 곧 시작이었다"(「통일전망대에 서서」)는 구절에서 보여준 순환성에 닿아 있다. 끝과 시작이 분리된 것이 아니라 서로 맞닿아 있다는 심오한 우

주의 순환 질서를 내면화한 것이다.

「꿈길」은 사모곡이지만, 또 다른 길로서의 꿈길이기도 하다. 한 존재가 마지막으로 걷는 길도 있는데, "다시는 못 올 먼 길을 갔다"(「나의 어머니」)는 길이 그런 길이다. "세상의 모든 어머니가/죽음의 길을 가듯"이라는 구절은 개인적인 슬픔을 떠나 모든 존재의 유한성과 상실감, 그리고 그리움을 함께 함유한다. "어머니가 세상을 떠났을 때/나는 소쩍새처럼 슬피 울었다"(「나의 어머니」)는 울음이 있는 한 어머니는 마음 속에 살아계실 것이다. "천상이든 지하이든 언제라도 부르면/급하게 달려오시는 어머니/그저 생각날 때마다 부르고 싶은 어머니/나는 죽는 날까지/아니 죽어서도/영원히 어머니의 아들이고 싶다."(「위대한 스승」)는 고백이 있는 한 어머니는 살아계신다.

"돌아보면 모든 게 축복/내게 오는 건 모두가 축복/뼈저리게 가난하고 외로웠던 시절도/까맣게 지새우며 잠 못 이루던 시절도/캄캄한 동굴에 갇혀 절망감 속에 방황하던 시절도//(중략)//꿈은 모두 이루는 자의 꿈이네"(「아름다운 축복」)에 이르면, 긍정성의 힘을 읽는다. 삶에 대한 긍정성이 김명돌 시인으로 하여금 세상의 길로 나서는 용기를 주었을 것이다. 길을 나서면서 긍정성이 더욱 강화되어 실천적 사상으로 이어지고, 삶의 모든 경험이 성장의 밑거름이 되었을 것이다. 길을 다룬 이번 시집은 자전적 경험을 바탕으로 세상에 전하는 지혜의 메시지로 가득하다. 고통이나 슬픔도 궁극적으로는 자신에게 긍정적인 영향을 미친다는 메시지는 우울한 현대인에게 시사하는 바가 크다.

 길이 주는 의미를 능동적으로 탐구하는 이 시집은 다양한 길을 통해 우리에게 길의 본질을 일깨워준다. 길은 단순한 이동 통로가 아니라, 우리의 꿈과 희망, 그리고 영적 성숙을 향한 끊임없는 탐구의 여정이다. 각자의 삶을 긍정적으로 살아가면서, 그 길에서 만나는 모든 순간이 축복이라는 지혜가 빛나는 시집이다. 시인의 약력 중에서 "한국관광공사 선정 '2020년 걷기왕'으로 명예의 전당에 헌액, 아너 소사이어티(1억 원 이상 기부자 클럽) 회원, 트레킹 1km당 1만 원씩 기부 실천"에 오래 눈길이 머물렀다. 시의 언어 미학과 실천의 행동 미학이 함께 어우러지는 시인의 삶을 읽은 때문이다. 자유·평화·자아실현의 가치를 노래하며, 길을 걸으며 삶을 끊임없이 단련하는 자세에 경의를 보낸다.

 김명돌 시인의 길에는 철학이 있다. 걸으면서 삶을 추구하고, 삶에 대한 화두를 던지고, 걸으면서 행복과 존재의 의미를 찾는다. 김 시인은 여행, 특히 도보 여행이 가진 깊은 의미를 순례자처럼 탐구한다. 물리적 이동을 통해 얻는 내면의 변화와 성장을 섬세하게 포착하면서 고독과 자유, 불안과 평화가 공존하는 여행의 본질을 깊이 있게 그려낸다. 그의 길은 단순한 여행 코스가 아니라 자아를 발견하고 내면의 평화를 찾는 정신적 순례의 장소로 승화된다. 이 시집이 고독의 가치를 재조명하거나, 자발적 고립을 통해 자아성찰과 내적 평화의 중요성을 강조하는 것도 그 때문이다. 시인이 밝힌 것처럼 진정한 자유와 평화는 외부가 아닌 내면에서 나올 터, 우리도 자신만의 '길'을 찾아 떠나보자.